東京農大一中・三中 入試問題集

2018年版

東京農大出版会

刊行にあたって

東京農大一中・三中の学びについて

　一中、三中両校とも、実学の姿勢を学びの基本として、未来を切り拓く力を身につけていく教育を行っています。

　実学とはそもそも、基礎理論を活用・応用して社会に役立つものや仕組みを生み出すための学問領域であり、現場で体験するとか、直接ものに触れるということだけを意味するものではありません。あくまでも「基礎理論をどのように活用するのか」ということを考え、実行するものなのです。さらに、実行していく中で得られる新たな発見や疑問を解明していく学びでもあります。

　ダイズ栽培や稲作、味噌づくりなどを行っていることが、中学校における実学教育とは考えていません。身につけた知識を活用しながら自らの手で作業を行うと、そこには新たな発見や疑問が生まれます。大切なことは発見や疑問に対して主体的に働きかける態度を磨くことで、これこそが、中・高における実学教育の本質なのです。

　実学の姿勢を基本とする学びだからこそ、基礎的内容を身につけることが大切になるのですが、「身につける」とは覚えることではなく、理解して自分なりに納得することです。

　覚えるだけの学びや、与えられた公式に数字を当てはめるだけの学びを繰り返しても問題を解決する力を高めることなどできません。自ら疑問を感じたり、原点にもどって考えたり、考察する経験を重ねたりして、分析力・思考力を磨き、問題解決力を高めていきます。

　本質を理解し、未来を切り拓く力はこのような学びから生まれるものであって、答えを覚えるだけの勉強や、用意された答えにたどり着けばよい勉強を行っているだけでは身につきません。

　また、教科書だけの学習ならば、どこでも誰でもできるし、内容の深さや広さには限界があります。ところが、一中、三中両校が行っている実学の姿勢を基本とした学びによって主体的に行動する学習を行ってみると新たな世界が開けてきます。それは、教科書には載ってないものであったり、教科書の内容とは異なるものであったりします。言い換えれば、実際に行わなければ、新たなものや疑問を見つけ出したり、違いを見極めたりする目を持つことはなかなか難しいのです。

目の前で起こることは、教科書通り、公式通りの解決にはなかなか結びつきません。だからこそ、学んだ内容を自分なりに使いこなす能力が必要になるのです。自分なりに考えて展開した論理は、その場限りのものではなく、別の場面でも応用できるようになります。

　実学の姿勢を基本とする学びは、"使えてこそ知識"という姿勢のもと、自分なりに論理を組み立てる能力を高めて、社会に出てからも自らの力で切り拓くことができる能力を身につけるものです。

　このような能力を高め、鍛えていく学校、東京農大一中、三中の入試問題によって「実学の姿勢を基本とする学び」を感じ、両校への受験の足掛かりとしていただければ幸いです。両校の今年度の入試問題を掲載し、設問ごとの正答率も載せてありますので、併せて受験資料として参考にしてください。

"実学の姿勢を学びの基本"として、未来を切り拓く力を身につけるとは、
- 身につけた知識が使える知識へと高まり、ものの見方・考え方が広まる。
- わかり方を自分なりに検証でき、わかり方の幅を広げたり深めたりする。
- 教室での学びが日常の現実の中で生かされる。
- 疑問への接し方が前向きになる。
- 自分の「分からないこと、知らないこと」に対して積極的に行動できるようになる。
- 学ぶことの面白さの原点である「自ら見つける」「自ら創る」が育ち、学びに対する行動が積極的になる。

目次

東京農業大学第一高等学校中等部

第一回（2月1日）
- 作成意図 …………………………………………… 2
- 国語 ………………………………………………… 6
- 算数 ………………………………………………… 17
- 社会・理科 ………………………………………… 26

第二回（2月2日）
- 作成意図 …………………………………………… 45
- 算数 ………………………………………………… 47
- 理科 ………………………………………………… 53

第三回（2月4日）
- 作成意図 …………………………………………… 70
- 国語 ………………………………………………… 74
- 算数 ………………………………………………… 87
- 社会 ………………………………………………… 94
- 理科 ………………………………………………… 112

各科目解答用紙 ……………………………………… 124

東京農業大学第三高等学校附属中学

第一回（1月10日午前）
- 作成意図 …………………………………………… 134
- 国語 ………………………………………………… 137
- 算数 ………………………………………………… 145
- 社会・理科 ………………………………………… 151

第二回・総合理科入試（1月10日午後）
- 作成意図 …………………………………………… 169
- 総合理科（基礎）………………………………… 171
- 総合理科（応用）………………………………… 180

第三回（1月11日）
- 作成意図 …………………………………………… 194
- 国語 ………………………………………………… 197
- 算数 ………………………………………………… 204
- 社会 ………………………………………………… 210
- 理科 ………………………………………………… 224

各科目解答用紙 ……………………………………… 230

一中・三中　正答率 ………………………………… 238
一中・三中　模範解答 ……………………………… 246

平成30年度
東京農業大学第一高等学校中等部
入試問題・解答用紙

第一回（2月1日）
作問意図 …………………………………………………… 2
国語 ………………………………………………………… 6
算数 ………………………………………………………… 17
社会・理科 ………………………………………………… 26

第二回（2月2日）
作問意図 …………………………………………………… 45
算数 ………………………………………………………… 47
理科 ………………………………………………………… 53

第三回（2月4日）
作問意図 …………………………………………………… 70
国語 ………………………………………………………… 74
算数 ………………………………………………………… 87
社会 ………………………………………………………… 94
理科 ………………………………………………………… 112

各科目解答用紙 …………………………………………… 124

第1回 入試問題の作成意図

【国語】
① 漢字の読み書き（独立した問題）
　文章題は、説明的文章の2題構成です。
② 説明的文章は3000字程度で、文化、自然科学などの内容についてのもの。
③ 文章題には、語句などの知識を問う設問があります。

☆☆合格答案を作るために☆☆
① 知識事項の定着が必要
　※　ことわざの意味、四字熟語などをきちんと覚えているか。的確に使えるか。
② 漢字の読み書き
　以下のことを意識した学習が必要です。
　○ 普段から丁寧に書く練習を行う。
　○ 他の人が読むことを考えて書く。
　○ 「とめ・はね・はらい・点の向き・楷書で書く」ことを意識する。
③ 文章読解問題の答えの多くは文章中にあります。
④ 説明的文章は整理して読みましょう。
　○ 全体の構成・主題をとらえているか。
　○ 指示語のさす内容・言い換え部分を見つけられるか。
⑤ 問題文・設問に線を引いたり、しるしをつけたりしながら解きましょう。

【算数】
　主に学習の量を見る問題で構成。試験時間に対する問題数はやや多く、基本的な問題を正確に素早く解くことができるかを問う。反復練習の量を増やすことで、合格が近くなるような出題形式となっている。
1　基本的な計算力を見る問題で構成。
　・工夫をすることで答が求め易くなる四則計算
　・分数と小数を含む逆算
　・時間の計算など
2　数の性質の理解力を見る問題で構成。
　・約数と倍数に関する問題
　・数の規則性に関する問題
　・数の大小に関する問題　　など
3　図形に関する力、特に、立体の切断や平面図形の移動をイメージする力を見る選択問題。

・切断面、展開図に関する問題
・図形の特徴をつかみ、2つの量の関係をグラフで表現した問題

4 小問集合。いわゆる1行題を解くことにどのくらい習熟しているかを見る問題で様々な分野から出題する。
・面積　・食塩水の濃度　・比(割合)・推理算　・仕事算　・過不足算など

5 グラフに関する問題で構成。
・速さ，数量など
・変化の様子の図示（グラフをえがく）

【社会】
◎出題分野
　地理的分野、歴史的分野、公民的分野から出題します。また、時事的内容も出題します。

◎出題形式
　記号や語句などで答える問題で、語句では漢字指定の問題があります。

◎出題の意図
(1) 知識の定着度をみる
　　① 基礎的事項を確実に身につける力
　　② 知識を写真や絵、統計データなどのイメージと結びつける力
　⇒知識を記号的に覚えるのではなく、関連するイメージを身につける学習を問う

(2) 知識どうしを関連付けて考える力をみる
　　① 地域や時代の特徴から正答を導く力
　　② 身につけた知識を用いて現代の政治や経済の動きを捉える力
　　　○ 地域や時代の特徴から思考して正答を導いたり、誤答を排除したりする力を問う
　　　○ 現実の政治や経済に見られる基礎知識を問う（時事的内容をテーマにして基礎知識を問う）

(3) 知識を組み立てて思考する力をみる
　　① 知識をもとに雨温図や統計データを読み解く力
　　② 文章を読み解く問題では、背景となる知識を活用する力

◎対策
(1) 大枠やイメージをとらえた知識を身につける学習を行いましょう。

例えば、地域や時代のイメージをとらえることで、地域の特徴や時代の出来事などがより詳細に把握できます。
(2) 知識を身につけるだけでなく、活用することを心がけましょう。
統計やグラフ、新聞などにできるだけ接し、自分が身につけた知識を活用する学習が大切です。
(3) 社会で起きている出来事に関心・疑問をもちましょう。
「何が起きているのか」「なぜそのようなことが起きているのか」など、常に疑問をもち、自ら調べ、考える姿勢が大切です。

【理科】
1．学習に対する姿勢や確かさをみる
(1) 学習の定着をみる
① 名称、特徴、性質などをストレートに問うことで、学習内容の定着をみる。
② 個々の学習内容に関連づけができていて、確かな知識になっているかを問う
特徴や性質をもとに整理・分類され、関連づけられているかである。
③ 法則をあてはめて考えたり計算したりできるかを問う。

2．主体的に考える力をみる
(1) 読み取る力と、判断する力をみる
① 資料・条件文の内容を読み取ることや、グラフ・表の関係を把握できるかを問う。
② 記録データや統計資料などをもとに作業を行いながら考えられるかを問う。
③ 数量関係を読み取り、その内容をもとに計算に移行できるかを問う。

(2) 自分自身で答えまでの道筋を作ることができる力をみる
① 身につけた知識、定理・法則を場面に応じて的確に活用できるかを問う。
② 基本的な法則が応用できるかを問う
法則の意味を説明すること、複数の内容を組み合わせて考えたり計算したりすること、身の回りの現象に原理・法則をあてはめて考えることなどである。
③ グラフ、表を上手に使いこなすことができるかを問う

(3) 筋道立てて論理的に対処する力をみる
① 答えを導くために必要になるデータと不要なデータの判断ができるかを問う
② 事実（結果）をもとに、原因の究明や論理的に考察できるかを問う

【理社融合】
来るべき大学入試改革や新学習指導要領実施に対応できる教育の実現を目指し、平成30年度入試より新たに導入しました。

- ●基本的には、今までの理科や社会での出題方針に沿う内容です。
- ●ある現実の問題について、理科の知識や社会の知識を必要に応じて使い分け、一連のひとつながりになった思考を展開する能力を問います。
- ●計算および、表やグラフ上のデータの読み取りや、文章による説明を理解した上での解答能力を問います。

中 第一回 (二月一日) 国語

一 次の①～④の傍線部のカタカナを漢字に直し、⑤～⑧の傍線部の漢字の読みをひらがなで答えなさい。

① 全力をアげて戦う。
② これまでの努力がケツジツした。
③ 権力者が国をトウチする。
④ イベントのホッキニンに名を連ねる。
⑤ その道の専門家の知己を得る。
⑥ 彼の行動に閉口する。
⑦ 私の弟は意気地がない。
⑧ 優しい声が耳に快く響く。

二 次の文章を読んで、後の問に答えなさい。

味というものにも、実は世界があります。

食材や料理の味もそうですが、ここでいうのは、記憶の中の味の世界です。

食べることは記憶をつくることだ、とよく指摘されることがあります。たとえば、料理人にとって料理とは舌の記憶である、というように。

私たちは普段おいしいものを食べたときに、その「おいしかった」という記憶は、わずか数日間、残っている程度のものでしかありません。とくに料理をつくる機会の少ない男性は、料理の味をちちら吟味して記憶しておこうという意識が働かないため、なおさら記憶に深く残らないでしょう。「あの店の味」とか「あの人の手料理の味」というように、大づかみに把握でまでいるもの、突然に目の前に同じ味の料理が出てきたときに、「たしかにあの店の味と同じだ」と認識することはほとんどできないのです。

A 、味わうことを意識して行うと、味の記憶はずいぶん変わってきます。

たとえば、目の前にサクランボがあるとします。それをひとつ口に入れて、ゆっくりと何度も噛みながら、１分間くらい舌で転がします。

すぐに飲み込んではいけません。すると、単に果物の甘酸っぱさと感じていただけのサクランボの味も、思っていた以上に豊かな広がりがあることを理解できるようになります。そうやって滋養に満ちた味のふくらみと輪郭をくっきりと記憶することが、舌の記憶というものです。

このとき、心からおいしいと感じるものは、すでに述べたように身体が本当に欲している食べ物だといえるでしょう。お腹がすいているからおいしいという感覚と、身体が欲しているからおいしいという感覚は、はっきり異なっているのです。こうしてたくさんの味の記憶を持つと、食事の世界もより広がっていきます。

たくさんの味の記憶を持つことは、いわゆる舌が肥えるということです。舌が肥えてくると

— 6 —

いうと、高級食材や高価な料理をすぐに思い浮かべるかもしれませんが、実際はそうではありません。本当は、サクランボひとつにしても、今年のそれがどういう味わいなのか、どのくらい滋養に満ちているか、味を聞き分ける能力のことを指しています。

生きていくのにそんな能力は要らないと思うかもしれませんが、それは誤解です。自分の五感をよく使える人は、それだけで尊敬に値します。

五感は、コミュニケーション能力、あるいは判断力や実行力、さらには決断力など、あらゆる仕事の能力の土台を構成する感覚です。わざわざスクールに通って習うようなものでないにしても、五感を磨くことはとても重要だと思います。

食事をとるときに、それが楽しくできるのですから、せっかくのチャンスを使わない手はありません。味わうことを意識するようになれば、読者のみなさんの味の記憶の世界もぐんと豊かになり、それが人生をより面白いものに変えてくれるのではないかと思います。

このように考えていくと、人間にとって食事は、単に栄養補給であるばかりでなく、学びの機会であることがわかってきます。

たとえば、たいていの人は、相手が話すことを聞いて、その人がどの程度の人物かすぐ理解するでしょう。なぜかというと、相手のバックグラウンドが、話し方や言葉の選び方にすべて出てしまうからです。そのため、自分よりも能力が高い相手だとか、自分よりも知識がある相手だとか、相手とほんの少し会話をするだけでふつうはすぐにピンと来ます。

だからこそ、選挙で政治家を選ぶときに、口ではどんなにいい政策を表明しても、話しぶりが悪い候補者に私たちは投票しません。「胡散臭いな」「信用できないな」と、すぐにわかってしまうからです。

食事にも似たようなところがあり、相手の食事の仕方を見ると、その人がどのくらいの人物なのか、おおよそ判定がつきます。教養の程度はどのくらいか、人格的に高潔な人物か、相手のバックグラウンドが、何をどのように食べるかということに全部出てしまうからです。そして、信頼に足る人物か、そうでないのか、すぐに理解できるでしょう。

B 、どう食べるかは、どう話すかと同様に、人格を露わにする行為です。

バルセロナオリンピックの女子マラソンで銀メダルを獲得した有森裕子さんのご両親は、あるインタビューに答えて、こんなことを言っていました。

「食生活は人格をつくると信じていましたから、食事は必ず一緒にとる。いいものを食べるのではなく、一緒に食べることで、共に生きていくことを、知らず知らずのうちに子どもに教えることができると考えました」（『プロフェッショナルに聞く！生きる力の育て方』スタスクの『ぼく』）

いうまでもないことですが、一緒に食事をとることで教えるというのは、食事の仕方にあれこれがましく注文をつけることではありません。箸を動かす、手を動かす、そして口を動かす。一緒に食事をとれば、あらゆる動作がお互いのコミュニケーションになり、それを通じて学びが起こるということをいっているのでしょう。

仕事ができる人というのは、男性も女性も、何事においても学ぶことのできる人だと私は

思います。

　たとえば、たくさんの本を読んでも情報を吸収するのみで、そこに流れている考え方を深く自分の中に吸収しようとしない人がいます。そういう人は、たしかに情報通にはなれるでしょうが、高度な判断力や決断力を身につけることはできません。

　多くの人は、情報をたくさん知っているだけで、人の優位に立つことができると考えているかもしれません。たしかに、21世紀に入ってから顕著な「由らしむべし、知らしむべからず」という政府の露骨な態度は、私たちに情報の独占こそが権力の源泉であるという錯覚をもたらします。その結果、情報さえ知っていれば、誰もがあらゆる競争で勝てると考えてしまいます。

　しかし、東日本大震災以降の出来事を眺めてみると、本当の瀬戸際に立たされたときに、情報をたくさん独占している人たちに重大な判断を間違わずに下す力がまったく備わっていなかったということははっきりしてしまいました。そういう人たちと結託して大儲けをしてきたビジネスも、大損害をこうむりました。

　そこに関わっている人々は一様に高学歴で、難しい試験にも受かっているとでしょうが、いまにして思えば、そのキャリアにどうした何の価値があったというのでしょうか。

　食事についても、それを食べたという情報に価値はありません。

　Ｃ 、他人から高級レストランの高価な料理を食べたという話を聞くと、「うらやましい」と感じるかもしれません。そういうところに行く機会がない人にとっては、ベールの向こうの知られざる世界です。

　しかし、本当はその事実に、とりたてて意味はないのです。味わうことや食べることの本質とは関係がないからです。それは贅沢をするだけの余裕があるという話であり、高級レストランによく行く人も、本当に高級料理を堪能しているかといえば、している人はごく一握りでしょう。

　大切なのは、事実をリアリティのある経験の記憶に変えることです。高級料理を食べるのにたいていの人は、その経験が高級レストランに行ったという事実の記憶に変わってしまいます。

　本来経験というのは、何をどう食べ、それを自分の舌と身体がどう受け止めたかという、ひとまとまりのリアリティです。何をどのようにしてまんべんで口に入れたのか、口の中に入るとどんな感じがしたのか、嚙みごたえはどのような感じで、のど越しはどうだったか、そして身体はその味にどう反応したのか、ほっぺたが落ちるように感じがしたか、それとも思わず笑みがこぼれるような感じだったのか、等々。

　そこまでいちいち意識する必要はないかもしれませんが、おいしい食事は必ず鮮烈な記憶をあたえてくれます。たとえば、漁師さんがさっと海水をかけて渡してくれた、獲れたての牡蠣を口に入れたときのような、鮮烈な生の記憶です。人間は、リアリティのある経験の記憶を獲得すると、新しい行動をとるようになります。人間が成長するのは、行動によって鮮烈な記憶を獲得し、それが次の新たな行動を促すからです。

　私は、そうした記憶を蓄えていくことが、食を通じた学びではないかと思います。そして、それを追求していくことは、人格を磨くことにもつながっていくと思います。

　食事から学ぶことは、思いのほかたくさんの事柄があるはずです。仕事ができる人は、そう

いうところからも絶えず学びつづけ、五感を研ぎ澄まし、自分の世界を広げていく人でしょう。何をどう食べるか。それはほんの一瞬の豊かな飽食の時代を生きる現代人にとっても、とても大切にすべきテーマなのです。

(笠井奈津子『甘いものは脳に悪い』による)

※1 バックグラウンド……性格や、その人が今いる地位などを作り出した環境。生い立ち。育ち。また、経歴。
※2 「由らしむべし、知らしむべからず」……人民に道理を理解させることより政策に従わせる方が大切だという言葉。

問一 文中の空欄 A ～ C に入る語として、最もふさわしいものを、次のア～カの中からそれぞれ一つずつ選び、記号で答えなさい。ただし、同じ記号を用いてはいけません。

　　ア たとえば　　イ を　　ウ つまり
　　エ ところが　　オ なぜなら　　カ また

問二 傍線部1「食べることは記憶をつくることだ」とありますが、食べることでたくさん記憶が作られるとどのようになりますか。本文中から五字で探し、抜き出して答えなさい。

問三 傍線部2「尊敬に値します」とありますが、これをことわざで言い換えたものとして最もふさわしいものを、次のア～オの中から選び、記号で答えなさい。

　　ア 寄らば大樹の陰　　イ 足元を見る　　ウ 一目置く
　　エ 鬼に金棒　　オ 快刀乱麻を断つ

問四 傍線部3「人間にとって食事は、単に栄養補給であるばかりでなく、学びの機会である」とありますが、そのように言えるのはなぜですか。最もふさわしいものを、次のア～オの中から選び、記号で答えなさい。

　　ア 誰かとコミュニケーションをとりながら食事をすることによって、様々な刺激が生まれ、自分の五感を磨くことができるから。
　　イ 味わうことを意識して食事をすると、味の記憶の世界が広がるため、自分を新しい別の世界に連れて行くことができるから。
　　ウ 味の記憶を豊かにすることで、自分の五感をうまく使うことができ、さらに、コミュニケーション能力も高めることができるから。
　　エ あらゆる動作がコミュニケーションとなる食事の場では、積極的に誰かと会話をしようという意識が生まれるから。
　　オ 味の記憶を意識することで、様々な能力の土台となる感覚を磨くことができ、人生をより豊かにすることができるから。

問五　傍線部4「仕事ができる人」とありますが、筆者の考える「仕事ができる人」として最もふさわしいものを、次のア～オの中から選び、記号で答えなさい。

ア　今までの古い価値観に縛られず、絶えず新しい価値観を求め続ける人。
イ　様々なものから絶えず学び続け、五感を研ぎ澄まし、自分の世界を広げている人。
ウ　ほかの人よりもたくさんの情報を持ち、その情報をうまく活用し行動できる人。
エ　本をたくさん読み、その本に書かれている考え方を深く理解しようとする人。
オ　経験していないことも、リアリティのある経験の記憶に変換することができる人。

問六　傍線部5「それを食べたという情報に価値はありません」とありますが、それはなぜですか。最もふさわしいものを、次のア～オの中から選び、記号で答えなさい。

ア　高級レストランの料理を食べたからといって、それはただ贅沢をするだけの余裕があるという自己満足にすぎないから。
イ　ものを食べたという情報は、何をどう食べたかということを細かく思い出せなければ、全く意味のない情報であるから。
ウ　何かを食べたという情報は、それをどう受け止めたかという経験の記憶に変換することによって、初めて意味を持つものであるから。
エ　経験の記憶としていままで蓄積されてきたものが何かを食べたという新しい情報に上書きされることで、なくなってしまうから。
オ　単にものを食べたという情報は、何をどう食べて体がどう受け止めたかというリアリティのある経験の記憶には変換できないから。

問七　傍線部6「飽食の時代」とありますが、どういう時代ですか。最もふさわしいものを、次のア～オの中から選び、記号で答えなさい。

ア　食事をする際にも、常に自分を磨くことを意識しなければならないという時代。
イ　人間が生きていく上で必要な栄養素を、食事以外でも摂取することができる時代。
ウ　必要以上の食べ物が世の中にあふれ、食べることの大切さを見失ってしまった時代。
エ　高級レストランが世界中にあふれるような、食に対する意識が高まっている時代。
オ　食べ物が余っている国と、足りていない国の格差が大きく広がっている時代。

問八　本文の内容と合致するものは１、合致しないものは２と解答欄に答えなさい。ただし、すべて同じ数字を用いてはいけません。

ア　普段料理をしない人は、料理の味を記憶しておこうという意識が働かないため、特に男性は、味の記憶を意識して食事をするべきである。

イ　味わうことを意識して食事をすることで、舌の記憶を明確に残すことができるが、食事の際はいつでも誰かと一緒に食べなければならない。

ウ　一緒に食事をとることはコミュニケーションの一つであり、それにより相手の人格や能力などがわかってしまうものである。

エ　食事を通して鮮烈な記憶を得ることによって、人間は新しい行動を起こすようになり、成長することができる。

オ　舌の記憶を意識して食事をすることは大切であるが、時には何も考えずに食事を楽しむことも必要である。

三　次の文章を読んで、後の問に答えなさい。

　一時代前の心理主義では「私探し」ということがよく言われていました。私には「本当の私」というものがあるはずだ。けれども私は「本当の私」からかけ離れた「偽りの私」を生きてしまっている。だから「本当の私」を探して自分自身を回復しよう、というような心理主義です。

　私は一九九二年に亡くなった歌手の尾崎豊の生き方について書いたことがあります（『癒しの時代をひらく』法蔵館）。尾崎豊の出発点は、今は偽りの私を生きているという現在の自己への疑問です。汚れのなき本当の自分というのがあるはずなのに、こんなに自分汚れてしまっていて、その中でもがき苦しんでいる。でもみんな「本当の私」はあるんだよ、「偽りの私」ではない本当の私を探しに行こうよ、という調子で、それがその頃の若者世代には非常に受けたのです。それはまさに「本当の私」探しの歌でした。「私探しブーム」とは「本当の私」を探す、というブームだったのです。

　ところが今の若い人たちに聞くと、その頃の心理主義と今の心理主義は違うと言います。今の心理主義、心理学の使われ方というのは、周りの人たちといかにうまくやっていくかがテーマだというのです。どういう場であれ、そこに自分が投げ込まれた時に、周りの人を傷つけたり周りの人に傷つけられたりしないで、自分にいちばんいい評価がもらえるように、いかにその場やグループに適合した行動を探せばよいか、いかに摩擦がなく周りの人とやっていくかという、心理マネージメントの心理主義である、と言うのです。

　では「本当の私」とは何かなどということは問われなくなってしまいます。そもそもただひとつの「本当の私」などがあるということを信じるというのは時代遅れだというのです。この場ではこういう私、ある場ではこういう私、という複数の私をいかにその場に合わせて上手

— 11 —

に使い分けていくか大切なのです。

　どんな場に投げ込まれても、そこでいちばんよい立ち居振る舞いはどうなのか、口のきき方は何なのかということを考えていく、ということは、その場がどんなにゆがんでいようが、全体の構造がどんなにおかしいものであろうが、そのことは問われないことになります。その中で自分が摩擦を起こさずやっていく、ということが大切な心理主義なのです。自分を突き詰めていく心理学よりも、いかに摩擦なく過ごしていけるかという、コミュニケーション技術のような心理学だと言えます。

　自分の根っこを掘っていくというよりも、いかにソーシャルネットワークの中で嫌われずに生きていくか、それが重要なのです。①

　そこでは「空気を読む」ということが重要になっています。いかにその場の空気を読んで、みんなから嫌われず、調和を保っていけるかということが重要なのです。なので、成立しているその「場」自体の矛盾であるとか、その場自体がかかえている深い問題とかには立ち入りません。②

　周囲の人たちとどうつまくやるか、「本当の私」なんかを追求するのではなく、会社という「場」でうまくやっている私、仕事から帰ってプライベートな場を恋人に嫌われずにうまくやれる違う私、というふうに、複数の私を使い分けていけばいい、という考え方です。③

　もちろん尾崎豊のように「本当の私」にだけこだわり続けてしまえば、それはとても苦しいことになってしまいます。どこの場も同じ「私」を押し出す人がいたとしたら、それはそれでけっこうつらいという人かもしれません。④

　誰だっていくつかの顔を使い分けているということはあります。しかし、実際はその場その場に合わせてはいても、その中でも「本当の私」はどこにあるのか、「本当の私」が言いすぎならば、自分自身にいちばんフィットしている私、いちばん信じられる私はどこにあるのかを考えることはとても大切なことです。⑤

　どの場でも周囲の人に合わせていく私、そういう自分に私たちは「自己信頼」を持つことができるでしょうか。空気を読みながら、周囲の人に嫌われないことだけを考えている私の「自己信頼」の核はどこにあるのでしょう。

　いろいろな場で顔を使い分けていても、自分の中で自己信頼ができる、核になる私があるというのと、単に周りに合わせて流されるというのは、まったく違います。その核の部分がなくて、どこに行っても、そこでうまくやれればそれでいいんだ、といった形になっている、そのことが大きな問題なのです。

　例えばファーストフードの店でアルバイトとして朝から晩まで調理をしている若者がいるとします。その狭い調理場で、次々に注文が入ってくるので、それに応じて次から次へとハンバーガーを焼いたりフライドポテトを揚げたりするのが仕事です。狭い厨房の中には店長がいて主任がいて、自分の他にもたくさんの若者もいて店が回っているというという場の中で要求されるのは、いかに空気を読みながら一日どうにかやりおおせていくかということであるのは間違いありません。

しかし、そうやって働きながら、　A　私は正当な給料をもらっているのか、「私」というものがどのような社会的な構造の中にあるか、社会的に抑圧されているのではないか、世界の中で私のこの職場というのはいったいどういう場所として位置しているのだろう、というような発想は常に持つべきものでしょう。

狭い調理場の中でも、その閉じた場を超えて、世界の構造や本質を大雑把ではあるがつかもうとしていれば、人生も変わってきます。オレはこれで終わらないぞとか、美の表現とはいったい何だろうと考えながら生きていくとか、自分はどこに向かっているのだろうかと考えていく。そのことから、未来も切りひらかれていくのです。

ところがその場にいても「空気読め」ばかりを考え、日々そこで摩擦なく過ごすことばかり目指す、という発想の中からは、ひたすらそこに留まっていきます。調整していく自分以上のものが見えてこないのです。世界の構図を見てみれば、昔の言い方をすれば、私の行っている労働は疎外された労働ではないのだろうか、搾取されているのではないだろうか、といった見方が出てくることもあるかもしれませんが、「空気読め」という心理主義からはそんなことは出てくるはずもありません。

一方では原資をうまく回して巨額の富を得て、六本木ヒルズに住んでいる奴がいる。もう一方のオレはなんで時給一〇〇〇円足らずで働かされ、将来の展望も見えないし、年金を払えって言われたってどうやって払っているかわからない、いつまでこんなことをやっていなければならんだ、正規雇用に入っていけないじゃん、というのは、　B　絵に描いたような搾取構造だといえます。

とならば、そのひどい状況に対して何らかの異議申し立てをしていかなければいけない。そうしないと、その構造はずっと続いていくことになり、私の人生のリスクはますます増大していくのです。

「かけがえのない私」がどうしてこんな状況に陥っているのか、ということの原因を突き止めなければなりません。　C　、自分のせいではないのに不当な扱いを受けているということになったら、是正せよ、と怒って誰にでもわかるように意思表明をしなければならないのです。

（上田紀行『かけがえのない人間』による）

問一 傍線部1「その頃の心理主義と今の心理主義は違う」とありますが、どういうことですか。最もふさわしいものを、次のア〜オの中から選び、記号で答えなさい。

ア 偽りの自分ではなく「本当の私」でいることの理由を模索する心理主義から、ソーシャルネットワークの中で言いたいことを言っても、嫌われずにいる方法を模索する心理主義へと変化したということ。

イ 周囲の状況次第で考え方や行動を変化させていく、偽りの自分を第一に考える心理主義から、どのような場面であっても、自分の考え方を変えずに「本当の私」を第一に考える心理主義へと変化したということ。

ウ 「本当の私」という存在に気付きながらも、空気を読んで行動に移さなかった心理主義から、偽りの自分を生きるのではなく「本当の私」を探し、自分自身を回復しようとする心理主義へと変化したということ。

エ 他者の前で見せる偽りの自分ではなく「本当の私」とは何なのかを考える心理主義から、それぞれの場面に適した自分をどのようにすれば見せられるか模索する心理主義へと変化したということ。

オ 汚れなき「本当の私」を探すために、他者との摩擦を恐れないという心理主義から、周囲の人間とぶつかりあうことを避け「偽りの自分」を見せようとする心理主義へと変化したということ。

問二 この文章からは、次の一文が抜けています。入るべき箇所を本文中の①〜⑤の中から選び、番号で答えなさい。

スーパースターとかアーティストとか芸術家とか作家とか、強烈な個性を持っている人はそれをやり通せるかもしれませんが。

問三 傍線部2「どの場でも周囲の人に合わせていく」とありますが、この状況を言い換えた四字熟語として最もふさわしいものを、次のア〜オの中から選び、記号で答えなさい。
ア 以心伝心　イ 我田引水　ウ 切磋琢磨　エ 付和雷同　オ 一衣帯水

問四 空欄 A 〜 C に入る語として最もふさわしいものを、次のア〜オの中からそれぞれ一つずつ選び、記号で答えなさい。ただし、同じ記号を用いてはいけません。
ア いったい　イ あえて　ウ もし　エ そして　オ まさに

問五　傍線部3「狭い調理場の中でも、その閉じた場を超えて、世界の構造や本質を大雑把ではあるが、つかもうとしていれば、人生は変わってきます」とありますが、それはなぜですか。最もふさわしいものを、次のア〜オの中から選び、記号で答えなさい。

　ア　周囲に流されず、自分がどのような社会的構造の中の、どういう位置にいるのかを考えることで、今後、自分のすすむべき方向性が見えてくると言えるから。

　イ　正規雇用されたところで将来の展望も見えず、その場に留まるにはいろ考えることなくなり、世界の構図の流れを止めてしまうと言えるから。

　ウ　日々過ごしている空間を摩擦のないものにしていくことが、いくつかの頭を使い分ける訓練になり、それは生きていく上で大切なことだと言えるから。

　エ　周囲の様子を窺いながら、どの場にあってもフィットするように振る舞うことで、自己信頼ができる「本当の私」が見えてくると言えるから。

　オ　どのような場所にいても、過去から現在の世界の本質を理解することで、自分自身の置かれた現状に対する不満が消えると言えるから。

問六　二重傍線部Ⅰ「調停」、Ⅱ「是正」の本文中の意味として最もふさわしいものを、次のア〜オの中からそれぞれ選び、記号で答えなさい。

　Ⅰ　「調停」
　　ア　説明などを聞くこと　　　　　　　イ　いつまでも同じ状態でいること
　　ウ　飾らずにありのまま述べること　　エ　根気よく調べ続けること
　　オ　争いがやむようにすること

　Ⅱ　「是正」
　　ア　物事を詳しく知ること　　　　　　イ　悪いところを正しく直すこと
　　ウ　正しいことを証明すること　　　　エ　物事の道理にかなっていること
　　オ　物事を準備し整えること

問七 傍線部4「人生のリスク」とありますが、どのようなものですか。最もふさわしいものを、次のア～オの中から選び、記号で答えなさい。

ア 疎外された労働ではないか、搾取されているのではないかといった見方に対して疑問を抱きすぎるあまり、空気を読むといった行動が出来なくなってしまい、誰もが好き勝手なことを続けるというもの。

イ 摩擦なく過ごすことばかりを目標に掲げ、その対価が正当かどうかまで考えが及ばないため、不当な扱いを受けていることを認識したとしても全く怒りがわいてこず、感情を失ってしまうというもの。

ウ 巨額の富を得る人がいる一方で、わずかな時給で働く人もいるという世界の構図に対し空気を読むことを優先するあまり、疑問を抱くことが出来ず、負の世界構造から逃れることができないというもの。

エ 周囲の人間に対して自分の考えをぶつけることに抵抗を感じるあまり、不当な扱いを受けたとしても、何の不満もなく受け入れるようになってしまい、今後の人生が搾取構造となっていることに気付かないというもの。

オ 社会的に抑圧されていることへの怒りが収まらず、世界の中での私という存在の位置づけが見えなくなってしまい、このようなひどい状況が改善されることなくいつまでも続いていってしまうというもの。

問八 本文の内容と合致するものは1、合致しないものは2と解答欄に答えなさい。ただしすべて同じ数字を用いてはいけません。

ア 私たちは空気を読むことばかりを考え、日ごろから摩擦を起こさないように過ごしているため、自分なりの自己表現が上手く出来ずにいる。

イ 私たちが周囲の人に見せている姿は本来の自分ではなく、場や周囲の人に求められたために生まれた、いわゆる偽りの姿である。

ウ 私たちの多くは自信もなく、自分のかけがえなさがどこにあるのか分かっていないため、自己に対する評価が低く、いつも不安な状態である。

エ さまざまな場面や人に合わせて、複数の自分を使い分けながら、その中でも核となる自己を模索し続けることが大切だ。

オ 私たちはかけがえのない存在であるが、経済が右肩上がりでなくなってしまったため、そのかけがえのなさが社会から失われつつある。

― 16 ―

一中 第一回 (2月1日) 算数

1 次の各問いに答えなさい。

(1) $1\dfrac{2}{3} \times (5.25 - 1.5) + 5\dfrac{5}{6}$ を計算しなさい。

(2) $\dfrac{1 + 2 + 3 + \cdots\cdots + 2016 + 2017 + 2018}{2018}$ を計算しなさい。

(3) $3\dfrac{8}{11} - 2\dfrac{5}{11} \times \left(\dfrac{5}{6} \div \square + 1\dfrac{1}{12}\right) = 1$ のとき、□にあてはまる数を求めなさい。

2 次の各問いに答えなさい。

（1） 7で割ると3余り、5で割ると1余り、6で割ると2余る数のうち、1000に最も近い数を求めなさい。

（2） a○bは、aをb回かけた値を表すものとします。このとき、次の各問いに答えなさい。
　① （2○3）○2　を計算しなさい。
　② （2○A）○3＝64　となるとき、Aの値を求めなさい。

3 次の各問いに答えなさい。

（1） 下の図のように、正八面体をある平面で切断して2つの立体に分けるとき、切り口の形として考えられるものを、次の(ア)〜(カ)の中からすべて選び、記号で答えなさい。

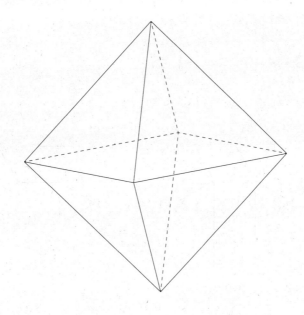

(ア)　正三角形　　(イ)　正方形　　(ウ)　正五角形　　(エ)　正六角形
(オ)　正七角形　　(カ)　正八角形

(2) 右の図のように、2つの正方形と6つの正三角形を組み合わせて、立体を作りました。この立体の展開図として正しいものを、次の(ア)〜(カ)の中からすべて選び、記号で答えなさい。

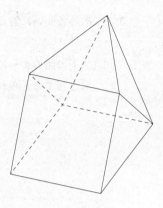

(ア)
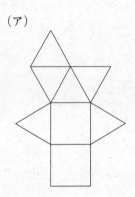

(イ)
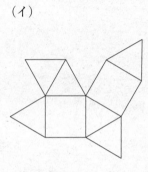

(ウ)
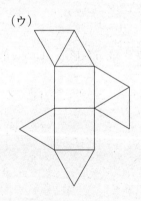

(エ)
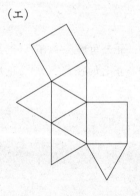

(オ)
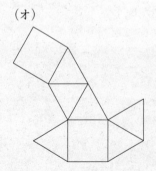

(カ)
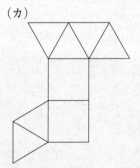

(3) 下の図のように、半径5cmの円Oの外側に半径1cmの円Aがあり、円Aの中には農という字が書かれています。また、図の・は円Oの円周を4等分した点です。円Aは円Oの周りを①の位置から時計回りにすべらないように転がり、1周してもとの位置に戻ります。このとき、②，③，④の位置の円Aに入る字の様子として正しいものを、次の(ア)〜(シ)の中から1つずつ選び、それぞれ記号で答えなさい。

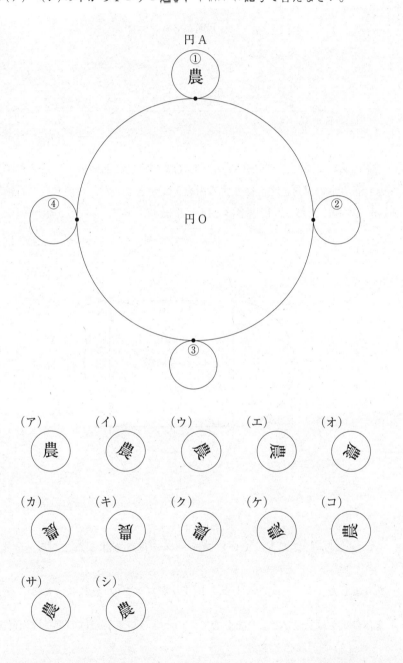

4 次の各問いに答えなさい。

(1) 下の図のように、三角形 ABC において、BD は角 B を二等分し、CE，CF は角 C を三等分しています。このとき、角 x の大きさを求めなさい。

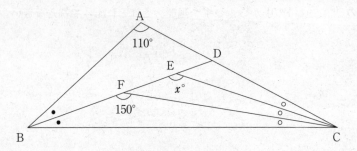

(2) 下の図のように、一辺が 8 cm の正方形 ABCD において、各辺を直径とする円を 4 つと、正方形の対角線を直径とする円を 1 つかきました。このとき、斜線部分の面積は何 cm² ですか。ただし、円周率は 3.14 とします。

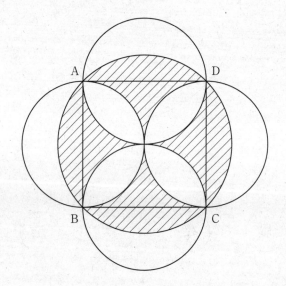

(3) コップの $\frac{2}{3}$ まで入っているジュースの重さを計ったところ、全体の重さは 264 g ありました。ジュースを少し飲み、残りがコップの $\frac{3}{8}$ になったところで重さを計ると、全体の重さは 159 g となりました。このとき、コップだけの重さは何 g ですか。

（4） 池の周りを1周する道があり、2つの地点をA，Bとします。
　　　兄はA地点から、弟はB地点から同時に出発して、お互いに逆方向に進みます。兄と弟が最初に出会ってから、12分後に2人は再び出会い、兄はその2分後にA地点に戻ってきました。兄は弟の1.5倍の速さで進むものとするとき、兄が再びA地点に戻ってから、弟がB地点に戻るまでにかかる時間は何分ですか。

（5） コインを投げて表が出たらA君に1点、裏が出たらB君に1点を与えるゲームをします。7回コインを投げて、7回目の総得点が多い方を勝ちとするとき、1度も同点にならずにA君が勝つ方法は何通りありますか。

（6） A，B，C，D，E，F，Gの計7校で、バスケットボールの大会が下の図のようなトーナメント方式で行われました。大会の結果について以下の①～⑥がわかっているとき、優勝校を答えなさい。

① AはGに勝った。
② Bは初戦でFに負けた。
③ CとD、DとGは対戦していない。
④ Dは2回戦で敗退した。
⑤ Fは2回勝ったが、優勝できなかった。
⑥ Gは1回だけ勝った。

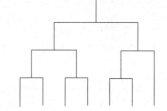

（7） A，B，C，Dの4つの歯車が下の図のようにかみ合っており、歯数はそれぞれ8，16，24，32です。歯車Dを反時計周りに8回転させるとき、歯車Aは時計回り、または反時計回りのどちらに何回転しますか。

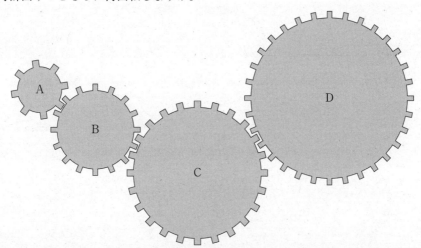

（8） あるクラスで交通手段を調べたところ、電車を使う生徒の人数は全体の $\frac{1}{3}$、バスを使う生徒の人数は全体の $\frac{1}{4}$、電車とバスの両方を使う生徒は5人でした。また、どちらも使わない生徒は20人いました。このとき、クラスの生徒は何人ですか。

5 十分な大きさの容器に、濃度が7％の食塩水が200g入っています。この容器に、濃度が3％の食塩水を毎分100gの割合で注ぎます。このとき、次の各問いに答えなさい。

（1） 3％の食塩水を注ぎ始めてから2分後の食塩水の濃度は何％ですか。

（2） 容器の食塩水の濃度が3.5％になるのは、3％の食塩水を注ぎ始めてから何分後ですか。

（3） 容器の食塩水の濃度が変化する様子を、解答欄にグラフで表しなさい。

一中　第一回　(2月1日)　社会・理科

1　次の年表をみて、後の各問いに答えなさい。

内閣総理大臣 在任期間	主な出来事	アメリカ大統領 在任期間	中国国家主席 在任期間
小泉純一郎 2001.4～2006.9	アメリカ同時多発テロ ①自衛隊　A　派遣 郵政民営化の実施		江沢民 1993.3 ～2003.3
安倍晋三 2006.9～2007.9	教育基本法改正 ②防衛省発足 ③国民投票法成立	い 2001.1 ～2009.1	
福田康夫 2007.9～2008.9	消費者庁の設置推進 ④洞爺湖サミット		
麻生太郎 2008.9～2009.9	リーマンショック 改正臓器移植法成立		胡錦濤 2003.3 ～2013.3
鳩山由紀夫 2009.9～2010.6	⑤普天間基地移設問題 子ども手当法成立		
あ 2010.6～2011.9	東日本大震災 再生可能エネルギー特別措置法成立	オバマ 2009.1 ～2017.1	
野田佳彦 2011.9～2012.12	消費税関連法成立 尖閣諸島国有化		
安倍晋三 2012.12～	アベノミクスの実施 東京五輪の誘致 安保法制推進	トランプ 2017.1～	う 2013.3～

問1　年表中の空欄 あ ～ う に当てはまる人物の名前を、それぞれ答えなさい。

問2　下線部①について、自衛隊は、 A における人道復興支援を目的として成立した法律にもとづいて、この国の非戦闘地域とされる一帯へ派遣されました。 A に当てはまる国について説明した文章として適切なものを、次のア～エから1つ選び、記号で答えなさい。

ア．この国は、世界最大級の原油埋蔵量をもち、財政収入の約8割を石油に依存している。また、イスラム教の二大聖地であるメッカとメディナがある。
イ．この国は、国土の約96％が砂漠である。世界最長の河川であるナイル川は、この国を通り地中海に注ぎ、国の北東部には紅海と地中海を結ぶ運河がある。
ウ．この国は、古代メソポタミア文明繁栄の地であり、2つの大河がこの地を流れている。北部には「イスラム国」が国家樹立宣言を行った都市モスルがある。
エ．この国は、1948年に独立を宣言したユダヤ人国家である。エルサレムを首都としているが、国際的には首都として認められていない。

問3　下線部②に関連して、次のⅠ・Ⅱの行政機関が所属する省または府を、後のア～エからそれぞれ1つ選び、記号で答えなさい。

Ⅰ　宮内庁・消費者庁
Ⅱ　資源エネルギー庁・特許庁

ア．国土交通省　　イ．内閣府　　ウ．経済産業省　　エ．環境省

問4　下線部③に関連して、法律案が成立する過程についての記述として適切でないものを、次のア～エから2つ選び、記号で答えなさい。

ア．作成された法律案は、衆議院に先に提出されなければならない。
イ．法律案を委員会で審査する際に、専門家などから意見を聴く公聴会を開くことができる。
ウ．法律案に対して衆議院と参議院が異なる議決を行った場合には、両院協議会を開かなければならない。
エ．法律案が衆議院で可決された後、参議院が60日以内に議決をしない場合は、衆議院による再議決ができる。

問5　下線部④について、このサミットでは環境問題に対する国際的な取り組みが主要なテーマとして取り上げられました。環境問題に対する国際的な取り組みについての説明として**適切でないもの**を、次のア～エから2つ選び、記号で答えなさい。

ア．1972年にストックホルムで開かれた国連人間環境会議では、「人間環境宣言」が採択され、これを実施するための国際機関として国連教育科学文化機関(UNESCO)の設立が決められた。
イ．1992年にリオデジャネイロで開かれた国連環境開発会議では、環境と開発の両立を目指す「持続可能な開発」をテーマとして掲げ、生物多様性条約や気候変動枠組み条約などが採択された。
ウ．1997年に採択された京都議定書では、先進国に対して温室効果ガスの具体的な削減目標が定められた一方で、中国やインドなどの発展途上国には削減義務が定められなかった。
エ．2016年に発効したパリ協定では、産業革命以前からの気温上昇を2度より低く抑えることが目標とされたが、後に二酸化炭素の最大排出国であるアメリカが離脱を表明した。

問6　下線部⑤に関連して、次の沖縄米軍基地に関わる出来事をまとめた年表中の空欄　X　・　Y　に当てはまる適切な語句または数字を答えなさい。

年号	出来事
1945年	太平洋戦争が終結し、沖縄はアメリカの占領下におかれる
1951年	サンフランシスコ平和条約に調印する 同時に、　X　条約に調印し、米軍の日本駐留が認められる
1960年	日米地位協定に調印する
1965年	ベトナム戦争が本格化し、沖縄の米軍が出動する
Y　年	沖縄の日本復帰が実現する
1991年	湾岸戦争が起こり、沖縄の米軍が出動する
1995年	沖縄にて米兵による少女暴行事件が起こり、基地縮小の世論が高まる
1996年	沖縄にて基地の整理縮小を問う全国初の県民投票が行われる
2014年	米軍普天間飛行場の県外移設を掲げた翁長氏が県知事に当選する

問7 次の**資料(1)・(2)**は、1ページの年表中のいずれかの内閣総理大臣が行った演説の一部を抜粋したものです。**資料(1)・(2)**の演説を行った内閣総理大臣をそれぞれ年表中から選び、名前を答えなさい。

資料(1)
このたび、衆議院、参議院両院におきまして、総理に選出をいただきましたその瞬間に、日本の歴史が変わるという身震いするような感激と、更に一方では大変重い責任を負った、この国を本当の意味での国民主権の世の中に変えていかなければならない、そのための先頭を切って仕事をさせていただく、その強い責任も併せて感じたところでございます。社民党さん、国民新党さんとともに民主党、中心的な役割を果たしながら、連立政権の中で国民の皆様方の期待に応える仕事を何としてもしていかなければならない、強い使命感を持って仕事に当たりたいと感じているところでございます。

資料(2)
初めに、現在の経済の状況について、私の認識を申し上げさせていただきたいと存じます。現在の経済は、100年に一度の暴風雨が荒れている。金融災害とでも言うべき、アメリカ発の暴風雨と理解しております。米国のサブプライム問題に端を発しました今回の金融危機というものは、グリーンスパン元FRB議長の言葉を借りるまでもなく、100年に一度の危機と存じます。証券化商品という言葉がありますが、これに代表されます新しいビジネスモデルが拡大をした。しかし、その中で金融機関がそのリスクを適切に管理できず、金融市場が機能不全に陥ったと存じます。

2 農大一中では、中学2年生で奈良・京都への研修旅行を実施しています。奈良・京都に関連した後の各問いに答えなさい。

問1 平城京は、当時の唐の都の都市区画を参考にして造られました。唐の都の位置として適切なものを、次の地図中のア～オから1つ選び、記号で答えなさい。また、その都の名前を漢字で答えなさい。

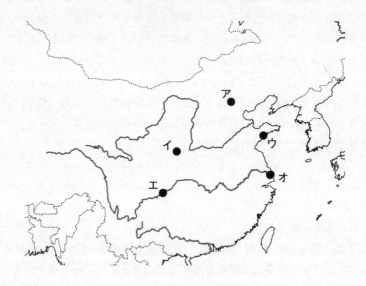

問2 仏教を厚く信仰した聖武天皇は、仏教の力によって国家の安定をはかろうとして、それに基づく命令を下しました。次の史料に最も関係が深い寺院を、後のア～エから1つ選び、記号で答えなさい。

> 朕は真実、仏法僧(三宝)の威光と霊力に頼って、天地ともに安泰となり、万代までの幸せを願う事業を行って、草、木、動物、生きとし生けるもの悉く栄えんことを望むものである。そこで、この天平十五年、天を十二年で一周する木星が癸未に宿る十月十五日を以て、朕は人々を導く仏道の修行者(菩薩)として、盧舎那仏の金銅像一体をお造りする大願を発する。国中の銅を尽くして像を鋳造し、大きな山を削って仏堂を建築し、仏法をあまねく宇宙にひろめ、これを朕の発願による仏道修行事業(智識)としたい。

(「続日本紀　全現代語訳」より)

ア．唐招提寺　　イ．法隆寺　　ウ．薬師寺　　エ．東大寺

問3 次の2万5千分の1の地形図をみて、後の(1)・(2)の各問いに答えなさい。

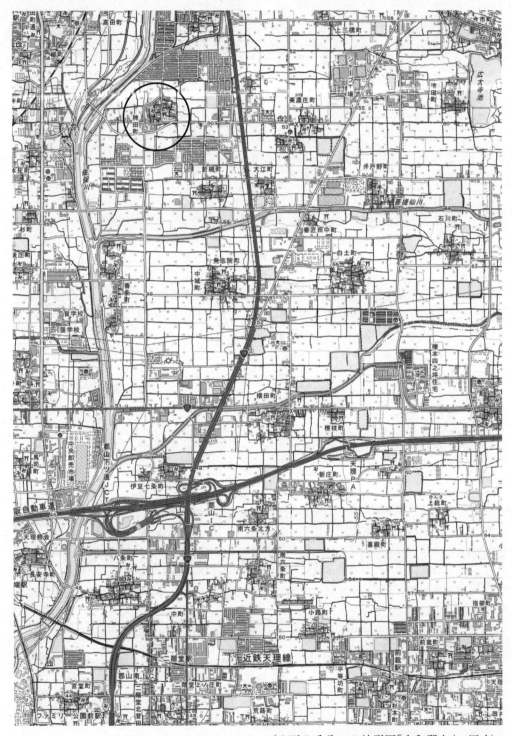

(2万5千分の1地形図「大和郡山」、原寸)

（1）地形図から読み取れるように、奈良盆地では現在でも、規則正しい地割りや集落など、古代の土地区画制度のなごりが色濃くみられます。班田収授法によって、国家から6歳以上の男女に対して支給された農地の名前を答えなさい。

（2）地形図から読み取った内容を説明した次の文章中の空欄 A ・ B に当てはまる適切な語句を、それぞれ答えなさい。

> 地形図をみると、多くの A があることがわかる。奈良盆地は内陸性の気候となるため降水量が少なく、 A から水田に水を供給するかんがい農法が古くから行われていたと考えられる。
> また、地形図中の○で示された稗田集落をみると、この集落は水路で囲まれていることがわかる。このような集落構造は、外敵からの防衛に適しており、稗田集落は、吉野ケ里遺跡などと同じ B 集落のひとつと考えられる。

問4 室町時代中期以降には京都を中心に、幕府に対して徳政を要求する一揆が多発しました。1428年に、農民や百姓らが日本で最初に起こしたといわれる一揆として適切なものを、次のア〜エから1つ選び、記号で答えなさい。

　　ア．正長の土一揆　　　イ．山城の国一揆
　　ウ．加賀の一向一揆　　エ．島原・天草一揆

問5 室町時代の文化について説明した文として適切なものを、次のア〜エから1つ選び、記号で答えなさい。

　　ア．3代将軍足利義満がつくらせた金閣は、寝殿造と禅宗様を取り入れた建築で、この時代の文化を東山文化という。
　　イ．8代将軍足利義政がつくらせた銀閣は、武家造と禅宗様を取り入れた建築で、同時期には禅の精神を具現化した枯山水の庭園が発展した。
　　ウ．喜劇性を追求した狂言が、庶民の間で大衆芸能として発展し、観阿弥・世阿弥親子によって大成された。
　　エ．中国の絵画の影響を受けて水墨画が発達し、山水画にすぐれた作品を残した雪舟によって大成された。

問6 幕末の京都は、長州藩を中心とする尊王攘夷派と幕府側が対立する動乱の中心地となりました。1864年に起こった、新選組が長州藩士を中心とする尊王攘夷派を襲撃した事件として適切なものを、次のア～エから1つ選び、記号で答えなさい。

ア．寺田屋事件　　　　　　イ．池田屋事件
ウ．禁門の変(蛤御門の変)　エ．八月十八日の政変

問7 奈良・京都の都市には、多くの観光客が訪れています。次の表は、奈良県・京都府・大阪府・兵庫県のいずれかの宿泊施設での宿泊者数を示したものです。京都府に該当するものを、表中のア～エから1つ選び、記号で答えなさい。

	出張・業務での宿泊者数（千人）	県内からの延べ宿泊者数（千人）	県外からの延べ宿泊者数（千人）	外国人延べ宿泊者数（千人）
ア	460	372	1,749	145
イ	1,374	3,913	9,422	698
ウ	2,210	1,899	14,665	3,291
エ	3,268	5,132	21,966	6,200

統計年次は2014年
(「データでみる県勢」より作成)

3 マグネシウムの重さや塩酸の濃さ、体積を変えてさまざまな実験を行いました。実験Ⅰ、実験Ⅱを参考にして、以下の各問いに答えなさい。

実験Ⅰ　4つのビーカーそれぞれに塩酸Aを50cm³ずつ入れ、そのビーカーにマグネシウムを加えて、発生する水素の体積を測定しました。実験の結果は表1の通りです。

表1

マグネシウムの重さ　[g]	0.15	0.35	0.65	1.05
水素の体積　[cm³]	138	あ	598	828

実験Ⅱ　4つのビーカーそれぞれに塩酸Aとは異なる濃さの塩酸Bを10cm³, 20cm³, 40cm³, 60cm³ずつ入れ、そこにマグネシウムを1gずつ加えて発生する水素の体積を測定しました。実験の結果は表2の通りです。

表2

塩酸Bの体積　[cm³]	10	20	40	60
水素の体積　[cm³]	い	408	816	1020

問1　水素についての説明として適当なものをすべて選び、ア～ケの記号で答えなさい。
　　ア．空気中におよそ20％含まれている。
　　イ．二酸化マンガンに過酸化水素水を加えると発生する。
　　ウ．石灰石に塩酸を加えると発生する。
　　エ．水酸化ナトリウム水溶液に亜鉛を加えると発生する。
　　オ．同じ体積の空気よりも軽い。
　　カ．同じ体積の空気よりも重い。
　　キ．水上置換で集める。
　　ク．上方置換で集める。
　　ケ．下方置換で集める。

問2　リトマス紙に塩酸をつけて色の変化を調べました。色は何色から何色に変化しますか。

問3　表のあ、いにあてはまる数値を答えなさい。

問4　実験Ⅰについて、次の各問いに答えなさい。

（1）　塩酸A 50cm³とちょうど反応するマグネシウムの重さは何gですか。

（2）　塩酸A 80cm³とちょうど反応するマグネシウムの重さは何gですか。

（3）　塩酸A 80cm³にマグネシウム1.5gを加えたときに発生する水素の体積は何cm³ですか。

問5　実験Ⅱについて、次の各問いに答えなさい。

（1）　マグネシウム1gとちょうど反応する塩酸Bは何cm³ですか。

（2）　塩酸B 100cm³にマグネシウム1.5gを加えたとき、発生する水素の体積は何cm³ですか。

問6　塩酸B 900cm³に水を加えて塩酸Aと同じ濃さの溶液を作りたいと思います。塩酸B 900cm³に加える水は何cm³ですか。

4 農大一中ではみそづくりを行っています。みその原料となるダイズは、しょうゆや豆腐などの食品の原料としても使われる食材で日本人にはなくてはならないものです。ダイズの栽培は昔から日本各地で行われていますが、それぞれの地域の気候に合った品種の改良が進められています。

図1は日本のダイズの主な品種の栽培地域を示したものです。また、表1は、図1のA～Dの都市の日長（日の出から日の入りまでの時間）を表にしたものです。これらについて後のⅠ・Ⅱを読み、各問いに答えなさい。

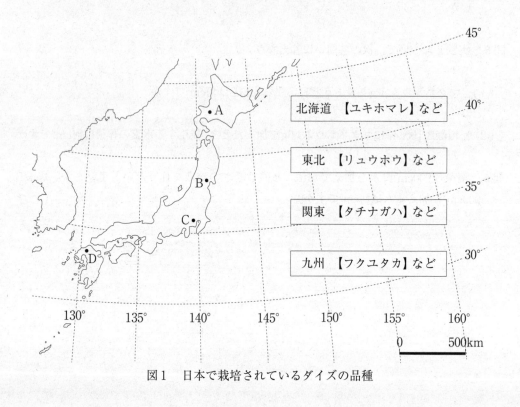

図1　日本で栽培されているダイズの品種

表1　各都市の日長

	4月1日	5月1日	6月1日	7月1日	8月1日	9月1日
A：札幌（北緯：43.1°東経141.4°）	12時間44分	14時間06分	15時間09分	15時間19分	14時間31分	13時間12分
B：仙台（北緯：38.3°東経140.9°）	12時間38分	13時間48分	14時間39分	14時間47分	14時間08分	13時間01分
C：東京（北緯：35.7°東経139.7°）	12時間35分	13時間38分	14時間24分	14時間32分	13時間57分	12時間56分
D：福岡（北緯：33.6°東経130.4°）	12時間33分	13時間31分	14時間14分	14時間21分	13時間49分	12時間52分

Ⅰ　ダイズの種子の中の様子を観察するために、ダイズの種子を数時間水につけておき、やわらかくしました。この種子を、へその反対側から2つに割って中の様子を観察しました（図2）。また、たくさんの種子を用意して発芽させ、1日ごとに「葉・くき・根になる部分」と「それ以外の部分」の重さを測りグラフにまとめました（図3）。

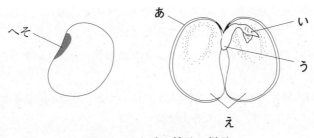

図2　ダイズの種子の様子

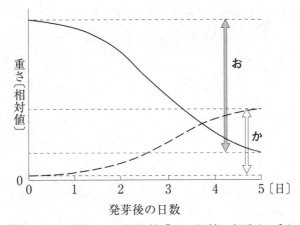

図3　「葉・くき・根になる部分」と「それ以外の部分」の重さの変化

問1　ダイズの種子のへそには、どのような役割がありますか。次のア～エから選び、記号で答えなさい。
　　ア．発芽のときに最初に種皮をやぶって出てくる部分の通り道になる。
　　イ．発芽のときに必要な空気の通り道になる。
　　ウ．種子の中の余分な水を排出するときの通り道になる。
　　エ．さやとつながっていて、養分や水の通り道になる。

問2　ダイズが発芽するときに、最初に種皮をやぶって出てくるのは図2のあ～えのどの部分ですか。図2のあ～えから選び、記号で答えるとともにその名称を答えなさい。

問3　図3の「葉・くき・根になる部分」と「それ以外の部分」の重さの変化について、以下の各問いに答えなさい。

（1）「葉・くき・根になる部分」の重さの変化を表すのは、図3から読み取れるどの値ですか。次のア～エから選び、記号で答えなさい。
　　ア．おの値　　　イ．かの値　　　ウ．お＋かの値　　　エ．お－かの値

（2）「それ以外の部分」の重さの変化を表すのは、図3から読み取れるどの値ですか。（1）のア～エから選び、記号で答えなさい。

（3）「葉・くき・根になる部分」の呼吸に使われた養分の重さを表すのは、図3のグラフから読み取れるどの値ですか。（1）のア～エから選び、記号で答えなさい。

Ⅱ

　植物の多くは決まった時期に花を咲かせることが知られています。植物の開花の時期は光が当たっている時間(明期)と光が当たっていない時間(暗期)の長さが関係していると言われています。

　ダイズとダイコンを利用して、光が当たっていない時間(暗期)と花芽がつくられて開花した割合との関係を調べたところ、図4のような結果になりました。なお、実験に用いた植物の50%以上に花芽がつくられて開花が見られたときの暗期の長さを、花芽がつくられるのに必要な最小限の暗期とします。また、1日を24時間とし、暗期以外は光に当たっている時間として考えなさい。

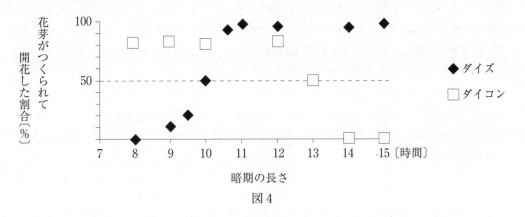

図4

問4　ダイズと同じように暗期が長くなると花芽をつくる植物はどれですか。次のア～エからすべて選び、記号で答えなさい。
　　ア．アサガオ　　　イ．アブラナ　　　ウ．ホウレンソウ　　　エ．コスモス

問5　図4の結果から読み取れることとして適当なものを、次のア～エから選び、記号で答えなさい。
　　ア．実験に用いたダイズは暗期が10時間以下になると花芽をつくる。
　　イ．実験に用いたダイコンは明期が10時間以下になると花芽をつくる。
　　ウ．暗期が12時間のときには実験に用いたダイズとダイコンの両方が花芽をつくる。
　　エ．明期が10時間のときには実験に用いたダイコンは花芽をつくるが、ダイズは花芽をつくらない。

問6　実験で用いたダイズを図1に示したA～Dの各都市で栽培したとき、7月1日と8月1日には花芽がつくられ始めていると考えられる都市はそれぞれどこですか。それぞれ、表1のA～Dからすべて選び、記号で答えなさい。なお、あてはまる都市がない場合は、「なし」と答えなさい。

5 次の文章を読み、後の各問いに答えなさい。

　わたしたちは、普段の生活を営むにあたって、様々な形でエネルギーを必要としています。
　エネルギーが必要だということは、頭ではわかっています。でも、エネルギーはどんなものですか、あるいは、エネルギーがどんなものなのか見せてください、と言われると困ってしまいますね。エネルギーとはどんなものでしょうか。
　たとえば熱いお湯はたくさんのエネルギーをもっています。水を温めるにはエネルギーが必要ですから、温められた水には、その分のエネルギーがためこまれたということになります。その温かい水は、別の物を温めることができます。別の物を温めると、今度はためこまれていたエネルギーを使ったということになります。
　このようにやりとりできるものですから、どのくらいエネルギーをもらったとか、エネルギーの大きさも測ることができます。たとえば、エネルギーの大きさを測る単位として、カロリーという単位があります。1gの水があるとき、その水の温度が1℃上がると、その水は1カロリーのエネルギーを吸収した、逆にその水の温度が1℃下がると、その水は1カロリーのエネルギーを放出した、というように測ります。もし、温度が異なる2つの物質を混ぜると、温度が高い方から放出されたエネルギーは温度の低い方に吸収されて、やがて2つは同じ温度になります。

> 例. 10℃の水300gと90℃の水100gを混ぜてしばらくすると30℃になります。これより10℃の水は1×300×(30−10)＝6000カロリーの熱量を吸収し、90℃の水は1×100×(90−30)＝6000カロリーの熱量を放出したことがわかります。ただし、ここで熱量のやりとりをした水は、それ以外の物質とは熱量のやりとりをしていないものとします。

問1　20℃の水300gと75℃の水200gを混ぜてしばらくすると、何℃になりますか。上の例を参考にして計算しなさい。

エネルギーは目に見えないものですが、いろいろなものの中にいろいろな形であります。温かいお湯の中にあるだけでなく、わたしたちの体の中にもエネルギーがあります。生きていくためのエネルギーは食べ物から得られます。そういえば、身の回りの食べ物には、○○キロカロリーなどの表示がありますね。食べ物の中にもエネルギーがあります。太陽の光が体にあたると、体が温まります。太陽の光にもエネルギーがあります。風の力や水の力には、物を動かすエネルギーがあります。いろいろなものの中にエネルギーがあるのです。そのようなエネルギーを使ってわたしたちは生活しています。

　大昔には、人間はおのおの火をおこして生活に必要なエネルギーを得ていました。現在では、わたしたちは生活で必要なエネルギーを主に電気から得ています。電気は、熱にも光にも運動にも容易に変換でき、作った場所から別の場所に送るのにも便利です。そこで、一人一人が使うエネルギーを、各自で工面するのではなく、まとめて作ることにしました。それを担うのが発電所です。

問2　日本では、大正元年（1912年）に東京市（当時）内のほぼ全家庭に電気が供給されるようになりましたが、そのころの家庭では、電気は主に何をするために用いられましたか。次のア～オから1つ選び、記号で答えなさい。

　　ア．食事を準備する煮炊きの熱源として
　　イ．冬場の暖房用として
　　ウ．通信手段の電源として
　　エ．照明の電源として
　　オ．移動手段の電源として

問3　火力発電、原子力発電、水力発電のそれぞれについて考えてみます。まず、それぞれが発電の原理としてどのようなエネルギーを用いているかを考えます。次に、それぞれを日本国内で行うにはどのような利点や欠点があるかを考えます。それらをまとめ、次の表をつくったときに、表中の空欄①〜③にあてはまるものを、それぞれの選択肢から、**すべて**選び記号で答えなさい。なお、あたえられた選択肢はすべて表中のいずれかの空欄にあてはまります。また、1つの選択肢が表中の複数箇所の空欄にあてはまることもあります。

	火力発電	原子力発電	水力発電
原理			①
利点		②	
欠点			③

【原理】
ア．物質が高いところから低いところへ移動するエネルギーを利用している。
イ．物質が化学変化を起こすときのエネルギーを利用している。
ウ．人工的な操作で原子核を変化させるときのエネルギーを利用している。
エ．熱エネルギーを電気エネルギーに変換している。

【利点】
カ．通常の化学変化を利用するので、燃料の入手や備蓄が容易である。
キ．他と比べて、少ない燃料で莫大なエネルギーを生み出す。
ク．いわゆる再生可能なエネルギーで、燃料が必要ない。
ケ．燃料産出国が世界中に広くあり、輸入におけるリスクが少ない。

【欠点】
サ．中国やブラジルにおけるような大規模な発電所の開発は、日本の地理条件では困難である。
シ．発電のエネルギーを得るときに、大量の二酸化炭素を排出する。
ス．発電所を建設するときに、他と比べ広い面積にわたる環境破壊をひきおこす。
セ．燃料とするものが、他の資源に比べ地球上に少量しかない。

何のエネルギーをもとにして、どのように電気を作るのかは、その時代の科学技術がどの程度発達しているかに左右されるのはもちろんのこと、その場所の地理的な条件や、様々な社会情勢にも左右されます。わたしたちは、与えられた条件のもとで、どのような発電を利用していくのか、その良い点は何か、悪い点は何かをきちんと見極めて考えなくてはなりません。

問4 下のグラフは日本の電力会社が、何のエネルギーをもとにして、どのくらいの電気を作ったかがわかるように示したものです。図中の(ア)〜(エ)には、それぞれ発電のエネルギー源として、石炭・石油等・天然ガス・原子力のいずれかがあてはまります。これについて、次の各問いに答えなさい。

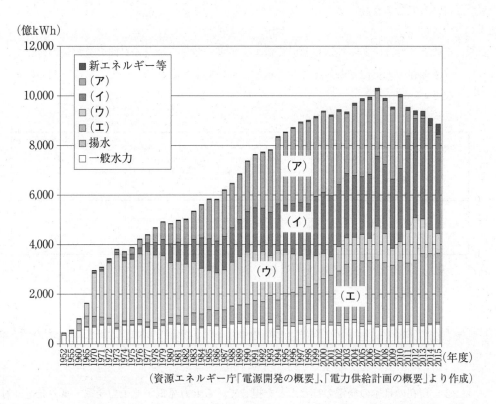

(資源エネルギー庁「電源開発の概要」、「電力供給計画の概要」より作成)

(1) 図中の(ア)〜(エ)のうち、石油等を示しているのはどれですか。(ア)〜(エ)の記号で答えなさい。

(2) 図中の(ア)〜(エ)のうち、原子力を示しているのはどれですか。(ア)〜(エ)の記号で答えなさい。

いま最も注目されているのは、再生可能なエネルギーと呼ばれる新エネルギーです。太陽光発電や風力発電、地熱発電などがこれにあたります。よりよい新しい発電の技術を考え出すことや、少ない燃料でより効率よく発電することを考え出すことは、もちろん大事なことです。しかし、電気をたくさん作り出すことばかり考えるのではなく、電気を使うことについても、無駄に使っていないか、それが本当に必要な使い方なのかについて考えることも大事です。電気が普及し始めたころの家庭に比べて、現在のわたしたちの家庭にはたくさんの家電製品があります。格段に便利な生活になったと思われますが、その生活はたくさん電気を使うだけでなく、製品そのものも購入と廃棄を繰り返すことで資源を大量に使っていく生活です。いろいろなものの消費が拡大することを経済成長と言いますが、経済成長こそが第一の目的となっているわたしたちの社会そのものについても見直さなくてはならない時代が来たと言えるでしょう。

問5　下のグラフは、ある地域において新エネルギーで得られた4日間の発電量の変化を、気象通報の天気記号と対応させて示したものです。これについて、次の各問いに答えなさい。

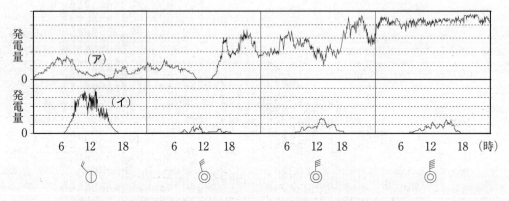

（1）図中の(ア)と(イ)の発電量の変化は、それぞれどの新エネルギーによる発電か、答えなさい。

（2）現在の日本の発電のほとんどを担っている火力発電・原子力発電・水力発電に対し、(1)で答えた発電がとって代わることができにくい理由を、このグラフから考えて答えなさい。

第2回 入試問題の作成意図

【算数】
　学習の量と質を見る問題で構成。理解したことを的確に運用することができるか試すような問題を出題している。

1. 計算問題。基本的な計算力を見る問題で構成。
   ・分数と小数を含む四則計算
   ・工夫をすることで答が求め易くなる逆算
   ・規則に従って、適する数を見つける問題
   ・数の感覚をみる問題　など

2. 小問集合。いわゆる1行題を解くことにどのくらい習熟しているかを見る問題で、様々な分野から出題する。
   ・面積　・比（割合）・鶴亀算　・集合　・速さ　など

3. 図形に関する問題で構成。
   ・投影図などから、立体の形をイメージする力を問う問題
   ・試行錯誤し、起こりうるすべての場合を考える問題
   ・時間とともに変化する形状をイメージする力を問う問題

4. グラフに関する問題で構成。
   ・速さの関係　など
   ・2つの量の関係や、時間とともに変化する様子をイメージする力を問う問題
   ・変化の様子をグラフにかき、それを用いて問題を解く力を問う問題

5. 規則性を見つけ、性質の理解力を問う問題で構成。
   ・規則性が理解できているかを問う小問
   ・規則性を用いてわかることを問う小問
   ・与えられた条件を少し変更した場合の考察

【理科】

　題材は、学校や塾のテキストに記された内容だけでなく、身の回りの事物・現象を含めた幅広いものになりますが、データや資料を読み取り、中学受験に必要な基本的知識をもとに判断することで答えを導くことができる問題になっています。
　また、算数との2教科入試ですが、国語や社会で身につけた力も活用できるように、おもに、以下のような力をみることを意識した問題です。

(1) 知識の定着をみる
　○ 基礎・基本となる知識は関係づけができていて、使いこなすことができるかを問う。
　　例えば、生物のつくりや働き、気体や水溶液の性質、現象における因果関係などが説明できる状態になっているかをみるものです。

(2) 実験や観察の結果をもとにした問題への対応力をみる
　① 原因の究明や考察を正しく行うことができるかを問う
　② 実験や観察で得られたデータを読んで、論理的に判断、対応ができるかを問う。

(3) 原理・法則を使いこなす力をみる
　① 原理・法則の考え方の基本が確かなものになっているかを問う
　② 原理・法則の考え方をいくつか組み合わせて考えられるかを問う
　③ 身の回りの現象を、基本的原理をもとに解明していけるかを問う

(4) 資料や表・グラフなどのデータを読み取る力と、判断する力をみる
　① 読み取った内容をもとに論理的に考え、判断できるかを問う
　② 規則性を読み取れるか、また、その内容をもとに展開できるかを問う
　② 読み取った内容をもとに、原因の究明や考察が行えるかを問う

一中 第二回 （2月2日）算数

1　次の各問いに答えなさい。

（1）　$0.25 \times 1\frac{5}{6} \times 0.625 - 1.25 \times \frac{1}{6} \times 1.375 + 2.75 \times \frac{5}{6} \times 0.125$　を計算しなさい。

（2）　$\left(1\frac{3}{4} \times 1\frac{1}{2} - \square + \frac{1}{2}\right) \div 0.0625 \times \frac{2}{7} = 14$　のとき、□にあてはまる数を求めなさい。

（3）　$\frac{19}{30} < \frac{\square}{24} < \frac{13}{18}$　のとき、□にあてはまる整数をすべて求めなさい。

2　次の各問いに答えなさい。

（1）下の図において、AGとBH、BFとCGはそれぞれ平行で、四角形BDGEと三角形EGHの面積はそれぞれ24 cm²、三角形ABDの面積は16 cm²です。三角形DFGと三角形BCEの面積はそれぞれ何cm²ですか。

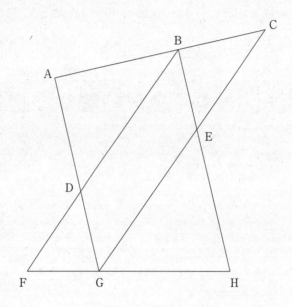

（2）家族で畑を耕すことにしました。父は畑全体の$\frac{1}{3}$、母は父が耕して残った畑の$\frac{2}{5}$、息子はさらに残った畑の$\frac{3}{4}$を耕したところ、耕していない畑の面積は30 m²になりました。このとき、畑全体の面積は何m²ですか。

（3）何本かの大根を、あらかじめ用意した何箱かの段ボール箱に入れて出荷することにしました。1箱に8本ずつ入れると21本余ったので、1箱に12本ずつ入れ直したところ、最後の1箱に入れる大根の本数が10本未満になりました。大根は全部で何本ありますか。考えられる本数をすべて求めなさい。

（4） 下の図のように、1辺が1cmの立方体を27個積んで、1辺が3cmの立方体を作ります。この立方体の点Aを出発して点Cを通って点Bまで進むとき、立方体の表面上を最短距離で進む方法は何通りありますか。
　　 ただし、進むことができるのは、1辺が3cmの立方体の表面上において、1辺が1cmの立方体の辺上であるものとします。

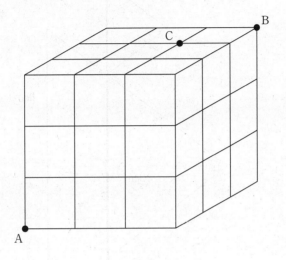

（5） 上流のA地点から下流のB地点までの距離が60kmの川があります。静水時の速さが一定である船P，QがあI、PはA地点からB地点まで3時間、B地点からA地点まで5時間で進みます。船QがA地点からB地点まで2時間で進むとき、Qの静水時の速さは時速何kmですか。ただし、川の流れの速さは一定であるものとします。

3 下の図のように、二等辺三角形を3つ組み合わせてできる図形があります。この図形を、直線ℓを軸として1回転させたとき、次の各問いに答えなさい。

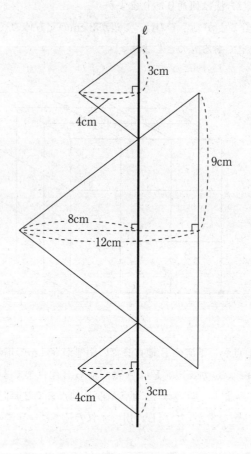

(1) 1回転させてできる立体を、ℓを含む平面で切ったとき、切り口の図形を解答欄にかきこみなさい。

(2) 1回転させてできる立体の体積は何cm³ですか。ただし、円周率は3.14とします。

4 図1のように、直方体の形をした3つの容器A, B, Cを、上から順に図2のように組み合わせ、容器Aに水を毎秒200 cm³の割合で注ぎ続けました。容器Cの水面の高さが10 cmになったところで、注ぐ水の量を毎秒600 cm³に変え、さらに容器Cの水面の高さが20 cmになったところで、注ぐ水の量を毎秒1250 cm³に変えました。その後、容器Cが満水になったところで水を止めました。このとき、次の各問いに答えなさい。

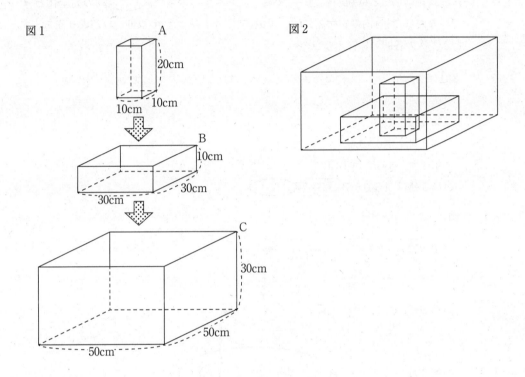

(1) 容器Bが満水になり、容器Cに水が入り始めたときを0秒とするとき、容器Cが満水になるまでの時間と、容器Cの水面の高さの関係を表すグラフを解答欄にかきこみなさい。

(2) 水を止めたあと、それぞれの容器から水がこぼれないように、A, Bの順に1つずつ容器Cから取り出しました。このとき、容器A, B, Cに入っている水の体積比を最も簡単な整数の比で表しなさい。

(3) (2)のとき、容器Cの水面の高さは何cmになりますか。

5 図1のように、アルファベットA，B，C，Dがある規則にしたがって並んでいます。このアルファベットの列に、第1列、第2列、…と名前をつけることにします。

第1列はA、第2列の1文字目はBとします。

図2は、各列の間の規則、および各列の中での規則を示したものです。上下で隣り合う列において、←→でつながれた〇内の文字列には、規則(ア)が成り立ちます。また、第3列目以降の各列において、Ⓑの左右にある←→でつながれた□内の文字列には、規則(ア)とは別の規則(イ)が成り立ちます。さらに、〇内の列全体と◀---▶でつながれた□内の文字列には、規則(ア)，(イ)とは別の規則(ウ)が成り立ちます。このとき、次の各問いに答えなさい。

図1

(第1列)　A
(第2列)　BC
(第3列)　ABADA
(第4列)　BCBCBCDCBC
(第5列)　ABADAB ① ②

図2

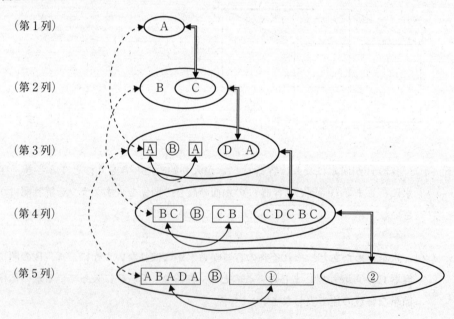

(1) ①に並ぶアルファベットを順に書きなさい。

(2) ②に並ぶアルファベットを順に書きなさい。

(3) 第7列に並ぶアルファベットの個数は何個ですか。

一中 第二回 (2月2日) 理科

1

問1 火星は太陽を中心にして円軌道を描きながら公転しているわく星です。表1は火星の特徴を示しています。日本で観測すると火星は地球よりも外側の軌道をまわっているので真夜中に南中することがあります。火星について、以下の各問いに答えなさい。ただし、図1は地球・火星の軌道を北極側から見た図であり、真円を描いているものとします。

表1 火星の特徴

	地球	火星
公転周期〔年〕	1	1.89
大気の主成分	ちっ素、酸素	二酸化炭素
平均気圧〔hPa〕	1013.25	7.7
自転軸の傾き〔°〕	23.44	25.19
太陽までの平均距離〔天文単位〕	1	1.53

※地球から太陽までの平均距離を1とした単位

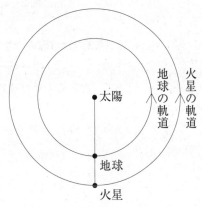

図1 衝の並び方

(1) 火星のように太陽系の中で地球より外側の軌道をまわるわく星を何といいますか。

(2) 図1のように火星のようなわく星が太陽の方向と反対に見えるとき、すなわち「太陽―地球―火星」と並んだときを「衝」といいます。日本では衝の1ヶ月後、火星の南中時刻は真夜中より早くなりますか、それとも遅くなりますか。

(3) 火星の表面には多くのクレーターが観測されますが、地球の表面ではあまり観測されません。地球で観測されるクレーターの数が火星より少ない理由として**間違っているもの**を、次のア～エから選び、記号で答えなさい。
ア．地球の表面の約7割が海で覆われているため。
イ．地球は火星よりも大気が厚いので、地表まで落下してくるいん石の数が少ないため。
ウ．地球にある大気や水によって風化や侵食が起こり、クレーターがなくなってしまうため。
エ．地球は火星よりも太陽までの平均距離が短いため。

問2 次の回路について、以下の各問いに答えなさい。ただし、図中の電池、豆電球は全て同じものとします。

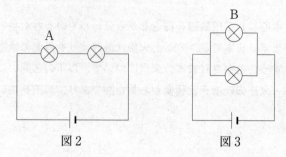

図2　　　　　　　図3

（1） 図2、図3の豆電球のつなぎ方をそれぞれ何つなぎといいますか。

（2） AとBではどちらの豆電球のほうが明るいですか。

（3） 図4の回路と同じ回路を次のア～オから選び、記号で答えなさい。

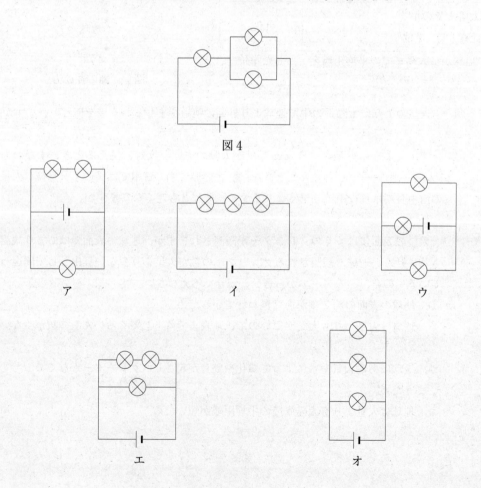

問3 気体、液体、金属について以下の各問いに答えなさい。

（1） 空気は、ちっ素、酸素、二酸化炭素などの気体から成り立っています。その中でもちっ素は空気中に最も多く存在する気体で、スナック菓子の袋につめることで品質を保つために利用されています。ちっ素の性質として**間違っているもの**を、次のア～エから選び、記号で答えなさい。
　　ア．においがない　　　　　　　　イ．空気より少し軽い
　　ウ．空気の約50％をしめている　　エ．色がない

（2） 食塩水・砂糖水・蒸留水のいずれかが入っている3種類のビーカーがあります。食塩水を他の2つの液体から見分ける操作として適当なものを、次のア～オから選び、記号で答えなさい。
　　ア．臭いをかぐ
　　イ．スチールウールを入れる
　　ウ．赤色リトマス紙と青色リトマス紙につける
　　エ．色を調べる
　　オ．蒸発皿などに入れて液体がなくなるまで十分加熱する

（3） 金属には様々な種類があります。金属が必ず持っている性質を、次のア～ケから4つ選び、記号で答えなさい。
　　ア．表面は銀色である
　　イ．空気中で燃えない
　　ウ．水に浮かぶ
　　エ．磁石に引き寄せられる
　　オ．電気をよく通す
　　カ．磨くと光る
　　キ．たたくと砕けずに延びる
　　ク．熱をよく伝える
　　ケ．20℃で固体である

(4) ある金属を拡大して見ると、原子という小さな球体の粒が規則正しく集まってできていることがわかります。図7のようにその一部分を切り取ってできた立方体があります。その中には原子の中心が立方体の中心、および各頂点に配列し並んでいます。このとき、中心の原子はまわりの8個の原子に接しています。図8を参考にして、ある原子の半径はa，b，cを使ってどのように表せますか。次のア～ケから選び、記号で答えなさい。ただし、すべての原子が同じ大きさとします。

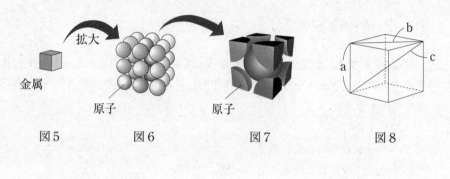

図5　　　　図6　　　　図7　　　　図8

ア．$2a$　イ．$\dfrac{a}{2}$　ウ．$\dfrac{a}{4}$　エ．$2b$　オ．$\dfrac{b}{2}$　カ．$\dfrac{b}{4}$

キ．$2c$　ク．$\dfrac{c}{2}$　ケ．$\dfrac{c}{4}$

問4 図9は妊娠した女性のからだの一部と、その内部の様子を表したものです。以下の各問いに答えなさい。

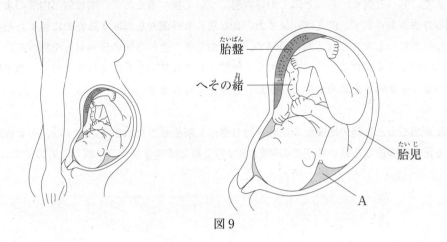
図9

（1） 図中のAは胎児を守っている液体です。この液体を何といいますか。漢字2文字で答えなさい。

（2） 人の子はふつう、受精してからおよそ何週で産まれますか。もっとも適当なものを、次のア～エから選び、記号で答えなさい。
　　ア．15週　　　イ．28週　　　ウ．38週　　　エ．45週

（3） 次のア～エを、胎児の成長の順に並べなさい。
　　ア．目や耳ができる
　　イ．心臓が動き血液が流れはじめる
　　ウ．自分の肺で呼吸をはじめる
　　エ．男女が見分けられるようになる

（4） 胎児は、胎盤を通して母親から養分や酸素をどのように受け取りますか。もっとも適当なものを、次のア～ウから選び、記号で答えなさい。
　　ア．母親の血管とへその緒の中を通っている胎児の血管が胎盤でつながっていて、養分や酸素をふくむ母親の血液が胎児の血液に入る。
　　イ．胎盤から出ている母親の血管が、へその緒の中を通って胎児のからだの中に入り、胎児に養分や酸素を与える。
　　ウ．胎児の血管がへその緒の中を通って胎盤に入り、ここに母親の血液がふきつけられるように流れ、養分や酸素が胎児の血管に入る。

2 地球内部の構造を調べるにはどのようにしたらいいのでしょうか。直接、内部を見る方法として掘削調査があります。しかし、現在の技術で調べられる範囲は地球の表面部分にとどまります。もっと深く、もっと広く地球内部について調べるために、間接的に内部のようすを知る方法があります。例えば、スイカの良し悪しを外側から判断するために軽くたたいて音を聞いたりします。これと同じ原理で、地震のときに生じる波の伝わり方を調べることで地球内部のようすを知ることができます。地震は大きな被害をもたらしますが、一方で地球内部のようすを知るための大きな手がかりを与えてくれます。

I　地震が起こると各地の地震計の記録を持ち寄って解析が行われます。図1は、ある地震における比較的震源から近い場所でのP波とS波の伝わる時間をグラフに表したものです。

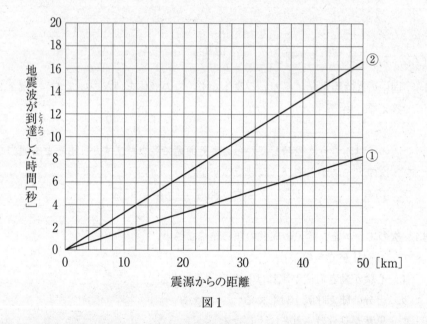

図1

問1　①と②の波の速さはそれぞれ秒速何kmですか。

問2　P波を表しているのは図1の①と②のどちらですか。

問3　震源から75km離れた地点における初期微動継続時間は何秒ですか。

Ⅱ 地震波が伝わる時間と距離の関係は、地震波の速度が一定であることから図1のようにほぼ直線になるはずです。しかし、1909年に旧ユーゴスラビアの地震学者モホロビチッチは、震源から比較的離れた地点において、図2のようにグラフが震源からのある距離Lで折れ曲がることを発見しました。この距離Lより遠いところでは、震源からの距離から推定される時刻より先に地震波が到達しています。

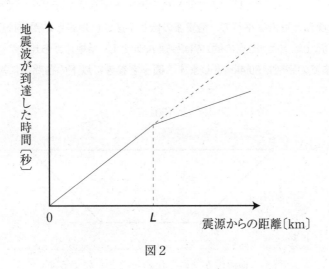

図2

モホロビチッチは直線が折れ曲がる原因について、地震波を速く伝える層が地球内部にあるためだと考えました。図3では、震源からの距離が比較的近いため地表を通った地震波が先に観測地点に到達します。しかし、図4のように観測地点が震源から遠くなると道のりは遠回りでも、地震波を速く伝える層2があるために、地表を通って伝わる地震波よりも層1と層2の境界面を通った地震波の方が先に観測地点に到達します。ただし、a地点とb地点は地表にあるものとし、地震の震源の深さは無視できるものとします。

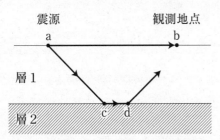

図3 震源からの距離が近い観測地点

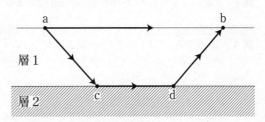

図4 震源からの距離が遠い観測地点

現在、モホロビチッチが考えた地表を含む地震波の伝わり方が遅い層1は地殻、さらに地下にある地震波の伝わり方が速い層2はマントルと呼ばれています。図2に示された距離Lのように直線が折れ曲がっていた地点を調べることにより、地殻の深さを求めることができます。

　図5は、震源であるa地点から地表付近を通った地震波(a→b)とマントルとの境界面を通った地震波(a→c→d→b)がb地点まで同時に到達するようすを示しています。このとき地殻とマントルの境界と地表は平行で、地震波の伝わる速さは地表と地殻内では秒速5km、マントルとの境界面(c地点とd地点の間)では秒速8kmとし、a地点からb地点までは150km、a地点からc地点までの距離は50.4kmとします。図5を参考に以下の各問いに答えなさい。

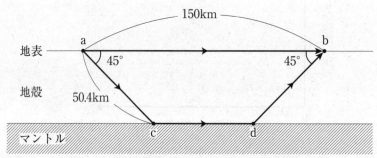

図5　地震波が同時に伝わったときのようす

問4　a地点で発生した地震波が地表を通ってb地点に到達するまでの時間は何秒ですか。

問5　a地点で発生した地震波がc地点に到達するまでの時間は何秒ですか。

問6　地震波がa→bとa→c→d→bの2つの経路で伝わる時間が同じことをふまえると、地震波がc地点からd地点に到達するまでにかかる時間は何秒ですか。

問7　c地点とd地点の間の距離は何kmですか。

問8　地表からマントルまでの深さは何kmですか。

3 図のように農太郎くんが1キログラムの鉄球を高いところから落とし、速さがどのように変化していくのかを調べる実験をしました。静かに手を離して鉄球を落とし、落下距離と速さの関係を調べたところ、以下の表のようになりました。

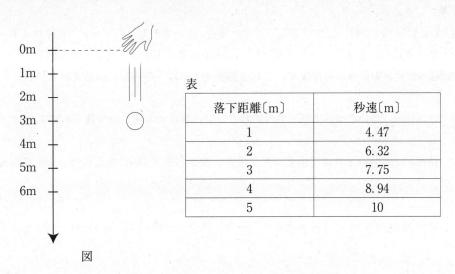

表

落下距離〔m〕	秒速〔m〕
1	4.47
2	6.32
3	7.75
4	8.94
5	10

図

農太郎くんは、この表を見て、落下距離と速さに以下のような関係が成り立つことに気がつきました。

(落下距離)×20＝(速さ)×(速さ)

例えば、落下距離が1mのときでは

1×20＝20
4.47×4.47＝19.9809

となるので、農太郎くんの式はほぼ成り立っています。
落下距離が5m以上では、農太郎くんの示した式が完璧に成り立つものとして、以下の各問いに答えなさい。

問1 鉄球の速さが秒速20mになるのは、落下距離が何mのときですか。

問2 鉄球の速さが秒速12mになるのは、落下距離が何mのときですか。

問3 落下距離が45mのとき、鉄球の速さは秒速何mですか。

ここまでの実験は全て静かに手を離したので、0m地点での速さは秒速0mです。一方、手を離すときに、勢いをつけるように投げおろすと実験結果が変わってしまいます。その場合、0m地点よりも高いところから静かに手を離した場合とおきかえて考えることで、速さを調べる事ができます。

　例えば、秒速10mの勢いをつけて落下させた場合、0m地点よりも5m上から静かに手を離したと考えることができます。したがって、10m地点での速さは、静かに手を離して10＋5＝15m落ちたときの速さになります。これを踏まえて、以下の各問いに答えなさい。

問4　秒速10mの勢いをつけて落下させた場合、15m地点での速さは秒速何mですか。

問5　秒速10mの勢いをつけて落下させた場合、速さが秒速30mになるのは、何m地点ですか。

問6　秒速20mの勢いをつけて落下させた場合、速さが秒速40mになるのは、何m地点ですか。

問7　この後、農太郎くんが、問1～問6での計算が正しいかを実験して確かめたところ、計算結果とは異なる結果になりました。これは鉄球の速さが速いほど空気の影響を受けてしまうからです。実験結果は計算結果より速くなったでしょうか、遅くなったでしょうか。ただし、風は吹いていないものとします。

4 農大一中の理科実験室で、身近にあるあさりやシジミの貝殻（かいがら）の成分を調べるために実験を行いました。手順は以下の通りです。

手順1： 10gの貝殻をガスバーナーで強く加熱したところ、白い粉末A 5.6gと二酸化炭素に分解しました。
手順2： 白い粉末Aをビーカーに入れ、水に溶かしました。
手順3： 静置したビーカーから上澄み液（うわずみえき）を試験管にとり、二酸化炭素を入れたところ、白くにごりました。

問1　次のア～オをガスバーナーを正しく点火するときの順に並べなさい。

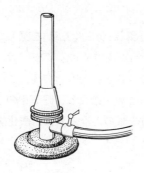

図1

ア．元栓（もとせん）を開く。
イ．ガス調節ねじと空気調節ねじが閉まっていることを確認する。
ウ．マッチに火をつけて、ガス調節ねじを少しずつ開けて点火する。
エ．空気調節ねじを開いて空気の量を調整する。
オ．コックを開く。

問2　手順1で発生した二酸化炭素は何gですか。

問3　手順1以外で、貝殻から二酸化炭素を発生させる方法を答えなさい。

問4　貝殻25gを加熱し、すべて白い粉末Aに変化させました。このときできた白い粉末Aは何gですか。

問5　手順3の上澄み液の名まえを答えなさい。

問6　上澄み液にBTB溶液をくわえたところ、青色に変化しました。このことから上澄み液は何性とわかりますか。また、上澄み液に紫キャベツ液をくわえたとすると何色になりますか。

問7　手順3と同じ量の上澄み液をとり、半分の濃さにうすめて手順3の実験を行いました。ただし、二酸化炭素の量や温度は手順3と変えずに行ったものとします。

（1）反応が終わるまでにできる沈殿の量はうすめる前と比べてどうなりますか。次のア～ウから選び、記号で答えなさい。
　ア．増える　　イ．減る　　ウ．変わらない

（2）うすめる前の実験と同じ量の沈殿ができるまでにかかる時間はどうなりますか。次のア～ウから選び、記号で答えなさい。
　ア．長くなる　　イ．短くなる　　ウ．変わらない

問8　十分な量の上澄み液に呼気(口から吐く息)を通しても同じように白くにごり、しばらく置いておくと白い沈殿が生成しました。グラフは、このときの呼気の体積と、生成した沈殿の重さの関係をグラフに表したものです。この結果から、呼気に含まれる二酸化炭素の割合は何％か答えなさい。ただし、呼気中の二酸化炭素はすべて反応して白い沈殿になったものとし、十分な量の上澄み液に二酸化炭素2.24Lを吹き込むと、10gの白い沈殿と水が生成するものとします。

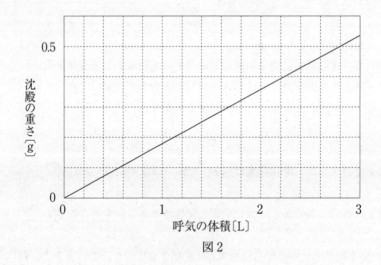

図2

問9　ある物質8gを用いて同じ実験を行ったところ、手順1において白い粉末Aが4.2gできました。この物質に含まれる貝殻と同じ成分は何％ですか。

5 次の文章と図1はイネの一生を説明したものです。また、図2はイネ、ダイズ、ゴマの種子の中にたくわえられているいろいろな養分の重さの割合をグラフに表したものです。

4月 よい種子を選び、水につけてふくらんだ種子を、苗を育てる箱に入れて「芽出し（発芽）」させます。

5月 種まきから30日ほどして本葉が3～5枚になった頃、「田植え」を行います。苗は2，3本を1束にして田んぼに植えます。

6月 イネは根元から茎を増やして大きくなります。これを「分けつ」といいます。

7月 穂が出ることを「出穂」といいます。穂は花の集まりで、イネの「開花」は晴れた日の午前中に起こります。

8月 もみ殻の中で米粒が成長することを「登熟」といいます。葉や茎は緑色を失い、もみが熟してきます。

9月 1粒の種子から600粒ほどの米が「収穫」されます。植物の種子としての米は「休眠」し、発芽を待ちます。

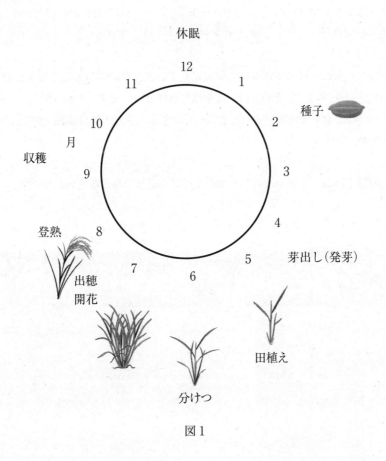

図1

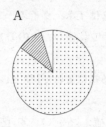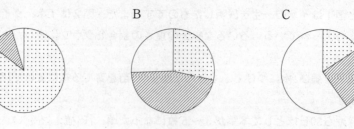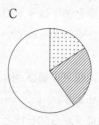

図2　種子の中の養分の重さの割合

問1　イネの種子にふくまれる養分の重さの割合を表したものはどれですか。図2のA～Cから選び、記号で答えなさい。

問2　種子にふくまれる養分の重さの割合が図2のBに近いものはどれですか。次のア～カからすべて選び、記号で答えなさい。

　　ア．インゲンマメ　　イ．アブラナ　　ウ．トウモロコシ
　　エ．ヒマワリ　　　　オ．エンドウ　　カ．アズキ

問3　芽を浸した水の一日の平均温度を毎日足していき、合計がある温度に達したときに「発芽（芽出し）」が起きます。その合計温度を積算温度といいます。イネの芽出しの積算温度が100℃のとき、イネを5日間経ったときに一斉に芽出しさせるには水温を何℃に保つ必要がありますか。

問4　イネの発芽のようすを、次のア～エから選び、記号で答えなさい。

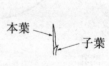

問5　次の説明はおいしいお米ができる条件を説明したものです。これについて、以下の問いに答えなさい。

　登熟期の昼と夜の気温の差が大きいと、日中盛んに（　Ⅰ　）する一方で夜間の（　Ⅱ　）が抑えられ養分が十分にたくわえられて、収穫量が増えるとともに良い味になります。

（1）　文中のⅠ、Ⅱに適する用語を答えなさい。

（2）　次のグラフは各月の最高・最低気温の変化を示したものです。上の説明をもとに、おいしいお米ができる気温の条件を満たすグラフを、次のア～エから選び、記号で答えなさい。

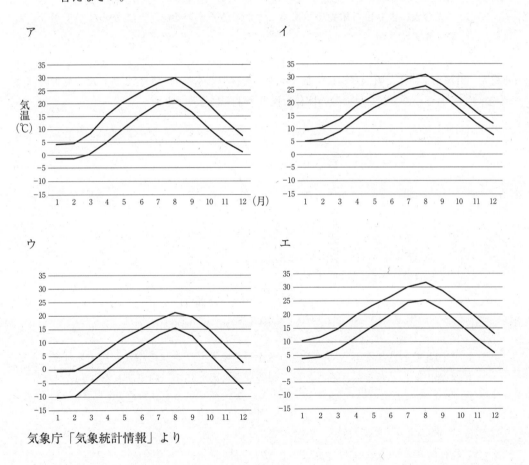

気象庁「気象統計情報」より

問6　水田には淡水にすむ小さな生物が見られます。顕微鏡を使って水田にいる小さな生物を観察したところ、次のア～エの生物がこの大きさで見られました。

　ア．ミジンコ　　　イ．ミドリムシ　　　ウ．ミカヅキモ　　　エ．ゾウリムシ

（1）最も低い倍率で観察したものを、ア～エから選び、記号で答えなさい。

（2）光合成により自ら栄養をつくることができるものを、ア～エからすべて選び、記号で答えなさい。

問7　田植えを終えた頃、水田にすむミジンコを採取し水槽内で飼育しました。飼育時間と1cm³あたりのミジンコの数の関係は図3のようになりました。

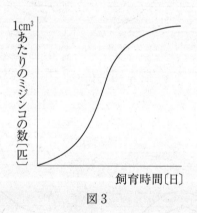
図3

（1）図3で示されるように、一定の数を過ぎるとミジンコの増殖が抑えられます。その理由として考えられることを、句読点を含めて15字以内で記しなさい。

（2） 図3のようにミジンコの数が変化するとき、飼育時間とミジンコの増える速度の関係を表したグラフとして適当なものを、次の図中のア～エから選び、記号で答えなさい。

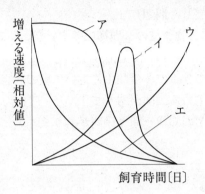

第3回　入試問題の作成意図

【国語】
① 漢字の読み書き（独立した問題）
　文章題は、説明的文章と物語文の2題構成です。
② 説明的文章は3000字程度の分量で、文化、自然科学などについての身近な内容のもの。
③ 物語文も3000字程度の分量で、受験生に近い年頃の人物が登場するもの。
④ 文章題には、記述を求める設問があります。（50～70字）
⑤ 文章題には、語句などの知識を問う設問があります。

☆☆合格答案を作るために☆☆
① 知識事項の定着が必要
　※ ことわざの意味、四字熟語などをきちんと覚えているか。的確に使えるか。
② 漢字の読み書き
　以下のことを意識した学習が必要です。
　○ 普段から丁寧に書く練習を行う。
　○ 他の人が読むことを考えて書く。
　○ 「とめ・はね・はらい・点の向き・楷書で書く」ことを意識する。
③ 文章読解問題の答えの多くは文章中にあります。
④ 説明的文章は整理して読みましょう。
　○ 全体の構成・主題をとらえているか。
　○ 指示語のさす内容・言い換え部分を見つけられるか。
⑤ 物語文は俯瞰（ふかん）して読みましょう。
　○ 登場人物になりきらず外から眺めるように読む。
　○ 風景や表情の描写も登場人物の心理を表す。
⑥ 問題文・設問に線を引いたり、しるしをつけたりしながら解きましょう。
⑦ 記述の問題はここに気をつけよう。
　○ 本文中のキーワードを使用しているか。
　○ 本文の内容を活用しているか。
　○ 設問の意図を取り違えていないか、文末表現にも注意しているか。
　○ 文のねじれ・誤字脱字はないか。

【算数】

　学習の質を見る問題で構成。理解したことを的確に運用することができるか試すような問題を出題している。また、試行錯誤を必要とする問題を必ず1題は出題し、考え方も記述してもらうようにしている。

1　計算問題。基本的な計算力を見る問題で構成。
　　・分数や小数を含む四則計算
　　・工夫をすることで答が求め易くなる計算

2　小問集合。いわゆる1行題を解くことにどのくらい習熟しているかを見る問題で、様々な分野から出題する。
　　・面積　・数の列　・虫食い算　・分配算　・速さ　・消去算　・約束記号　など

3　文章題で構成。
　　・条件を理解し、試行錯誤する問題
　　・操作を繰り返したり、条件を変えることでどのようになるか考察する問題
　　・与えられた条件を少し変更した場合の考察

4　図形に関する問題で構成。
　　・問題の設定を把握して、適切に処理する力を問う問題
　　・投影図から立体の形をイメージする力を問う問題
　　・切断した立体の体積を求める問題

5　試行錯誤を必要とする問題で、3問の構成。
　　・図形や規則性に関する力、特にイメージする力をみる問題
　　・規則性を理解できているかを問う問題
　　・その規則性からわかることを問う
　　・考察し、考え方も問う形式

【社会】

◎出題分野
　地理的分野、歴史的分野、公民的分野からの出題ですが、時事的内容も出題します。

◎出題形式
　記号や語句などで答える問題だけでなく記述問題を出題します。また、漢字指定の語句問題があります。

◎出題の意図
　(1) 知識の定着度をみる
　　① 基礎的事項を確実に身につける力
　　② 知識を写真や絵、統計データなどのイメージと結びつける力

(2) 知識どうしを関連付けて考える力をみる
　　① 地域や時代の特徴から正答を導く力
　　② 身につけた知識を用いて現代の政治や経済の動きを捉える力

(3) 知識を組み立てて思考する力をみる
　　① 知識をもとに雨温図や統計データを読み解く力
　　② 文章を読み解く問題では、背景となる知識を活用する力

(4) 思考した内容を表現する力をみる
　　① 現代社会の問題を捉え、その内容を適切に表現する力
　　　　問題文やグラフの内容から、その背景となる知識を組み合わせて思考し、出来事の問題点やその原因をとらえて、その内容を文章によって表現する力を問う

◎入試対策
(1) 大枠やイメージをとらえた知識を身につける学習を行いましょう。
　　例えば、地域や時代のイメージをとらえることで、地域の特徴や時代の出来事などがより詳細に把握できます。
(2) 知識を身につけるだけでなく、活用することを心がけましょう。
　　統計やグラフ、新聞などにできるだけ接し、自分が身につけた知識を活用する学習が大切です。
(3) 社会で起きている出来事に関心・疑問を持ちましょう。
　　「何が起きているのか」「なぜそのようなことが起きているのか」など、常に疑問をもち、自ら調べ、考える姿勢が大切です。
(4) 考えたことを文章化する練習をしましょう。
　　考え、理解したものは説明できるようにしておくことが大切です。文章にすることで、筋道立てた説明ができるようになります。

【理科】
　農大一中の理科では、どのような力を大切に考え、どのような生徒に育ってもらいたいのかとの考えを明確に反映させて、日常の場面で**自らの行動で身につけた知識を使って理科的な視点や考え・発想を広げられる力**をみる問題を出します。また、普段の学びのなかで、**正確に読み取る習慣や考える姿勢**を身につけることや、理科としての**知識の定着**を問います

1．実験の流れの読み取り・器具や道具の使い方
　① 実験の流れの理解（目的→方法→結果→考察）
　② 実験条件の読み取り
　③ 実験のなかで、手順や操作の意味までふみこんで考えているか。

2．統計資料・実験結果の表の読み取りや計算
　① 表から関係や規則性を読み取り、**利用して考えや計算を進める**ことができる
　② 地道な作業への取り組み

3．原理・法則の活用　原理・法則が**使える確かな力**として身についているか。

4．グラフ作成問題　グラフのていねいな読み取りの姿勢が、入試問題での要点を押さえたグラフの作成につながっている（点の取り方、線の長さ、軸の取り方、単位）。

5．記述・説明問題
　① はっきりした筋道で論理的な説明ができているか。
　② 必要な情報を示しているか（時間、場所、向き、大きさや量など）

一中 第三回 (二月四日) 国語

一 次の①〜④の傍線部のカタカナを漢字に直し、⑤〜⑧の傍線部の漢字の読みをひらがなで答えなさい。

① マンを持して登場する。
② 証明書をコウフする。
③ サイゲンなく情報を集め続ける。
④ イチモクサンに逃げ出した。
⑤ 募集人数を若干増やす。
⑥ 細かい説明は割愛する。
⑦ 事件の余波で売り上げが激減した。
⑧ 彼の判断に委ねることにした。

二 次の文章を読んで、後の問に答えなさい。(設問の都合上、本文を一部省略してあります)

　私は日本でも、パーティーでムスリム※1の人たちと同席したことが何度もあります。私はムスリムではないので酒を飲みますが、彼らはソフトドリンク※2やウーロン茶を飲んでいました。日本側主催のパーティーでは、ほとんどの場合、出された肉料理をムスリムは食べることができません。しかし、幸いにも、魚介類や野菜を使った料理のようにムスリムが食べられるものもありました。どのパーティーも参加者の親睦を深めることが主目的でしたから、酒が飲めないムスリムも参加できたわけです。

　　A　、こうした会で、すっかり酔っぱらった日本人参加者がムスリムの人たちに「俺の酒が飲めないのか」などといってからみ、無理に酒を飲ませようとしたらどうでしょう。けんかになって、楽しいはずの会がだいなしになってしまうかもしれません。

　ムスリムが酒を飲まないのは宗教上の理由からであって、別にこの人が気に入らないからではありません。だれがこうと酒は飲めないのです。

　こういったトラブルが生じるのは、自分の文化(=自文化)が世界のどこでも(I)に通用するものと思い込んでいるからにほかなりません。このような、自文化　B　自分たちのもっている習慣や価値観が世界の常識とするものの見方を、自文化中心主義あるいは自民族中心主義(英語ではエスノセントリズム)といいます。

　自文化中心主義は、それにおちいっている本人が自覚していることがないから、よけいやっかいです。この自文化中心主義が、自分たちの「常識」に合わないことやものに対して奇妙といった感情をいだかせるわけですが、それでも奇妙に思っているうちはまだよいのです。ところが、もしその奇妙なことやものを受け入れなくてはならなくなったとしたらどうでしょう。選択の余地は二つしかありません。食べ物を例にとりましょう。

多くの日本人が好む料理のひとつに刺身があります。この刺身は、食べた経験のない外国人にはかなり異様なものにうつるようです。タフル・ユーバー村で日本の代表的な料理は何かときかれて、刺身をあげ、どういうものか説明したところ、「みないやな顔をきさしてしまいました。「魚を生で食べるのか」というわけです。
　もしこの「異様なもの」を食べなくてはならない状況に置かれたらどうでしょう。私のアラビア語の先生は、そういう状況に置かれて最初はいくらか戸惑ったといいます。①この先生の場合、何度か食べているうちに大好物になったとのことでしたが、刺身を食べた話をエジプトにいる子どもたちにしたところ、「お父さん、気でも狂ったの」といわれたそうです。②
　それでも、先生は刺身という彼にとって「奇妙な」食べ物を食べてみました。奇妙なのだと思いながらも、自分の文化とは異なっている文化（＝異文化）を受け入れようとしたわけです。③何度か食べているうちに、刺身はこの先生の好物になりました。私のムスリムの友人たちのなかにも、刺身が大好きという人は少なくありません。④
　それに対して、もうひとつの選択は、その食べ物を口にしないというように、異文化を拒否するものです。こうした拒否行動には、最初から受け入れない場合と、受け入れようと試みたが最終的に受け入れることができなかった場合の二通りがあります。⑤
　私の先生が刺身という日本の食文化を受け入れることができたのは、この食べ物がムスリムである先生の食習慣に反しないものだったというのが大きな理由ですが、もちろん刺身が先生の好みに合ったということもあるでしょう。いくら自分たちの食習慣に反しなくても、どうしても好きになれないということは（　Ⅱ　）してあるものです。
　ところが、日本の食文化のなかには、好きになれるか否かという問題以前に、この先生がどうしても受け入れることのできないものもありました。それは、アッラーの名を唱えて屠殺していない動物の肉や豚肉、その油を用いた料理や食品、それにアルコール類です。私がムスリムの友人たちと日本で食事をするときにもっとも気を使うのも、こうしたものが料理や食品に入っているかどうかという点です。
　自文化をその文化をもたない人たちに押しつけようとすると、そこにはしばしばトラブルが生じることはこれまで述べてきたとおりです。　C　それがさらにエスカレートすると、自分の文化を受け入れない人たちを排除しようという動きにまでなることさえあります。現在世界各地で起きている民族紛争の多くは、このように自文化と異文化の共存がはかられなかったことが原因で生じたものです。
　　D　、現在中東で起きているアラブ人（パレスチナ人）とユダヤ人（イスラエル人）の争いは、イスラームとユダヤ教という宗教の違い、すなわち文化の違いが大きな原因のひとつになっています。具体的には、同じ場所が両宗教にとって聖なるところとされていることなどが対立点です。
　両方にとって聖なるところならば仲良く共同で管理すればよい、と当事者でない者は考えますが、現実はそう単純ではありません。どちらが主導権をとるかという問題もあることながら、過去に血を流して争ってきたという歴史的事実が、双方に不信感をいだかせているからです。

こうした紛争を実際に目のあたりにすると、異文化を尊重するということが口でいうほど容易なことがわかります。
A 、そうなるように努力することはやはり必要です。具体的にどうしたら異文化を尊重できるようになるか、その答えは簡単に出せるものではありません。ただ、異文化尊重の第一歩は、自文化中心主義的な考え・態度をつねに自省しながらその異文化を理解しようと努めることにあるのではないかと思うのですが、いかがでしょうか。

　異文化をもつ人たちの考え方や行動を奇妙に感じたとき、なぜ自分がそう感じるのか考えてみましょう。

　この本のなかで、ムスリムは豚肉を食べないと繰り返しいってきましたが、これは豚肉を食べるわれわれ日本人にはたいへん奇妙に思えます。そういうとき、なぜ彼らが豚肉を食べないのか、いかなる理由からなのかを探ってみるのです。そうすると、ムスリムが豚肉を食べないのは、イスラームで豚が不浄な動物とされ、クルアーンに食べてはならないと記されているからであることがわかってきます。

　イスラームのように特定の動物の肉を食べることを禁止している宗教はほかにもあります。
B 、ヒンドゥー教徒は宗教上の理由から牛肉を食べません。現象としては、ムスリムが豚肉を食べないのによく似ています。
C 、ヒンドゥー教徒が牛肉を食べないのは、牛が不浄な動物とみなされているからではありません。まったく逆で、ヒンドゥー教で牛が神聖視されているからなのです。一見よく似た現象でも、文化によってその意味づけが異なる場合があることがわかります。

　異文化を理解することが、即異文化尊重につながるわけではないでしょう。
D 、異文化理解なくして異文化尊重はありえないのです。

（清水芳見『イスラームを知ろう』による）

※1　ムスリム…………イスラーム（イスラム教）を信仰する人。イスラム教徒。
※2　ソフトドリンク……アルコールを含まない、または含んでも一％未満の飲み物。
※3　クフル・ユーバー村…ヨルダン北部の村。
※4　アッラーの名を唱えて屠殺していない動物の肉…イスラームの教えでは、アッラー（神）の名を唱えずに殺した鶏や牛などの肉は食べてはいけないとされている。
※5　クルアーン…………アラビア語で書かれた、イスラームの教えや決まりを説いた書物。

問一　空欄 A ～ D に入る語として最もふさわしいものを、次のア～カの中からそれぞれ一つずつ選び、記号で答えなさい。ただし、同じ記号を用いてはいけません。

　　ア　なぜなら　　イ　すなわち　　ウ　そして
　　エ　したがって　オ　しかし　　　カ　たとえば

問二 空欄（Ⅰ）・（Ⅱ）に入る語として最もふさわしいものを、示された語群のア～オの中からそれぞれ一つずつ選び、記号で答えなさい。

（Ⅰ）…ア 普遍的　イ 抽象的　ウ 支配的
　　　　エ 相対的　オ 潜在的

（Ⅱ）…ア 一概に　イ 任意に　ウ 淡々と
　　　　エ 漠然と　オ 必然に

問三 傍線部1「みなにいやな顔をされてしまいました」とありますが、どういうことですか。最もふさわしいものを、次のア～オの中から選び、記号で答えなさい。

ア 魚を生で食べる文化を持たない人たちにとって、日本人が好んで魚を生で食べるのは、奇妙で受け入れがたい食習慣に感じられるということ。

イ 日本人が、刺身を食べるという文化が世界中で通用すると思い込んでいることを、異文化をもつ人々は不快に思っているということ。

ウ 刺身を食べたことがない外国人に対して、刺身がどういうものであるか説明しても、相手にその料理を理解してもらうことはできないということ。

エ これまで魚を生で食べたことがない人々に、刺身を食べるようすすめるのは自文化中心主義的な行動であり、すすめられた方は抵抗を感じるということ。

オ 日本人は、魚を生で食べるという文化は世界の常識だと思い込んでいるが、その思い込みを外国人に押しつけていることを自覚していないということ。

問四 この文章からは次の一文が抜けています。入るべき箇所を、本文中の①～⑤の中から選び、番号で答えなさい。

　　異文化というのは、このように受け入れることができる場合もあるのです。

問五 傍線部2「この先生がどうしても受け入れることのできないものもありました」とありますが、それはなぜですか。左の文の空欄に当てはまるように本文中から八字で探し、抜き出して答えなさい。

　　日本の食文化の中には、先生にとって［八字］食べるわけにはいかないものがあったから。

問六 傍線部3「単純」の対義語を、漢字二字で答えなさい。

問七 傍線部4「こうした紛争」とありますが、筆者は「こうした紛争」の根本的な原因はどういうことにあると考えていますか。最もふさわしいものを、次のア〜オの中から選び、記号で答えなさい。

　ア　宗教上の価値観の違いから、特定の場所や物事に対する考え方をめぐって対立が起こり、その対立がエスカレートしてしまうこと。

　イ　文化や宗教を異にする人々が、同じところで共存しようと試みることが、かえって文化の違いを際立たせてしまうこと。

　ウ　ある場所を二つの民族が共同で管理しようとしたところ、双方が主導権を主張しはじめ、その場所で共存できなくなってしまうこと。

　エ　異なる文化を持つ人々が、文化の違いを尊重しあうことができず、自分たちの思想や行動を押しつけ、それを受け入れない人々を排除しようとすること。

　オ　過去に血を流して争ったという歴史的事実が、二つの民族の間に不信感をいだかせ、長い年月が経っても、お互いに許しあうことができないこと。

問八 傍線部5「特定の動物の肉を食べることを禁止している宗教は、ほかにもあります」とありますが、筆者がほかの宗教を引き合いに出しているのはなぜですか。最もふさわしいものを、次のア〜オの中から選び、記号で答えなさい。

　ア　異文化の間によく似た文化的現象が生じた場合には、それぞれの文化に共通する意味や意義を見出すことで、相互の文化理解が深まることをほのめかすため。

　イ　特定のものを食べることを禁止することは、その宗教にとって大きな意味があるので、信仰心がない人が意味づけしてはならないことを伝えるため。

　ウ　同じように見える文化的行動や決まりごとであっても、その理由や背景となる価値観は、文化によってそれぞれ異なっているということを示すため。

　エ　何を食べてはならないとするかということは、宗教ごとに異なるものであり、世界には様々な宗教が存在しているということを強調するため。

　オ　世界には多様な文化が存在するので、宗教や文化がそれぞれ異なっていたとしても、同じような現象が生じるものだということを証明するため。

問九　本文の内容と合致するものは1、合致しないものは2と解答欄に答えなさい。ただし、すべて同じ数字を用いてはいけません。

　ア　イスリムの人が日本のパーティーで酒を飲めないと主張するのは、自文化中心主義的な態度であるが、日本人の側がそれを許容しなくてはならない。

　イ　自分たちの価値観とは異なることやものを、初めから拒否してしまうのではなく、まずはそれを受け入れることが大切である。

　ウ　筆者のアラビア語の先生は、初めは戸惑いながら刺身を食べてみたが、それは彼の食の好みと合っていたため、やがて刺身は彼の大好物となった。

　エ　宗教や文化を異にする人々が、互いを尊重しあって共存するというのは簡単なことではないが、そのための努力は必要である。

　オ　イスリムが豚肉を食べないのは、イスラームで豚が不浄な動物とされているからであるが、日本人には、豚が不浄だとされる理由は理解できない。

問十　本文では、異文化を尊重するためには、どうすることが必要であると述べられていますか。「奇妙」「理解」の二語を必ず用いて、七十字以内で説明しなさい。ただし、解答の際、使用した語句には傍線をつけること。

　（例　<u>奇妙</u>なこと）

三　次の文章を読んで、後の問に答えなさい。

次の文章は、アルフォンス・ドーデ『最後の授業』の全文です。少年フランツの住むフランス領アルザス地方は、一八七一年に起きた普仏戦争の結果、プロシア（現ドイツ）に支配されることとなりました。本文を読み、あとの問いに答えなさい。

その日の朝は、ぼくは学校へ行くのがすっかりおそくなってしまった。それに、アメル先生が動詞についてぼくたちに質問するといっていたのに、ぜんぜん勉強していなかったので、しかられるのがすごくいやで、ふと、授業をぼって、野原でも走りまわろうかなと思った。とてもあたたかく、よく晴れた日だ！

森のはずれでツグミが鳴いている。製材所のうしろのリペールの野原で、プロシア兵が演習しているのがきこえてくる。どれもこれも、文法の規則なんかよりずっといい。でも、ぼくは、ぐっとこらえて、学校のほうへとんでいった。

役場の前をとおりかかると、金網をはった小さな掲示板のそばに、ひとだかりがしていた。

この二年間というもの、敗戦とか徴用とか司令部の命令とか、いやなしらせはみんなここにはりだされてきたので、ぼくは走りながら思った。

（また、なにかあったのかな？）

　A　、広場を走ってとおりぬけようとしたとき、見習いといっしょにはり紙を読んでいたかじ屋さんのワシュテールが、ぼくにむかってさけんだ。

「ぼうず、そんなにいそぐなよ。学校には、今からでも、じゅうぶんまにあうよ。」

ぼくは、かじ屋さんがからかっているのだと思い、学校になっているアメル先生の家の小さな庭に、息せききってとびこんだ。

いつもは、授業のはじめはとてもさわがしく、つくえをあけたりしめたり、暗記ものをよくおぼえようと、耳にふたをして、てんでに大声でくりかえしたり、「もうすこししずかに！」と先生が大きなじょうぎでつくえをたたいたりするのが、通りまできこえている。

だからぼくは、このさわぎにまぎれて、だれにも気づかれずに、　B　じぶんの席にもぐりこむつもりでいたのだ。

ところが、あいにくその日にかぎり、まるで日曜の朝のようにひっそりとしずまりかえっていた。あけはなれた窓から、もう席についている友だちの顔がみえる。アメル先生はいつものおそろしい鉄のじょうぎをかかえて、いったりきたりしている。

ぼくは、このしんとしたなかに、ドアをあけてはいっていかなければならないのだ。どんなにはずかしく、どんなにおそろしかったか！

ところが、その日はちがった。アメル先生は、おこらないでぼくのほうをみると、やさしくいうのだ。

「フランツ、はやくじぶんの席につきなさい。きみがいなくても、はじめるところだったんだよ。」

ぼくはしかけをまたで、いそうで席にすわった。すこし気もちがおちつくと、先生が
視学官のくる日とか、終業式にしかきない服をきているのに気がついた。りっぱな緑色のフ
ロックコートをきて、こまかひだの胸かざりをつけ、ししゅうのある黒い絹の、坊さまのか
ぶるような、まるいふちなし帽をかぶっている。それに、教室ぜんたいが、なんとなく、いつ
もとちがったおごそかなかんじだ。いちばんおどろいたのは、いつもはだれもいない教室のう
しろのこしかけに、村の人たちが、生徒とおなじようにすかにすわっていることだった。三
角帽を手にしたオーゼルじいさん、もとの村長さん、もとの郵便屋さん、それからいろいろな
人たち、みんなどこかかなしそうにみえる。オーゼルじいさんは、ふちがぼろぼろになった初
等読本をもってきていて、ページをひらいてひざにのせ、その上に大きなめがねをななめにお
いている。

ぼくがなにもかもにおどろいているあいだ、アメル先生は教壇にのぼり、ぼくをむかえ
たときとおなじやさしいおごそかな声でいった。

「みなさん、わたしが授業をするのは、きょうが最後です。ベルリンから命令がきて、アルザ
スとロレーヌの学校では、ドイツ語以外のことばを、おしえてはいけないことになりました
……。あした、新しい先生がこられます。きょうは、みなさんにとって最後のフランス語の授
業です。どうか、いっしょうけんめいきいてください。」

先生のことばに、ぼくはあわてた。ああ、きたならずプロシア人め！ やつらは役場の掲示板
にこのことをはりだしたんだ。

ぼくの最後のフランス語の授業なんて！

Ｃ、ぼくときたら、まだフランス語がろくに書けないじゃないか。このぶんだと、も
う一生フランス語をならうこともないだろう！ このままでおわらなきゃならないんだ……。
いまになると、授業をさぼって、鳥の巣をさがしまわったり、ザール川で水すべりをしたり
してむだにしてしまった時間が、おしくてならない。ついきのうまで、あんなにつまらなく
あんなにおもくるしいやつだった教科書も、文法の本も、聖書も、いまはわかれるのがつらい、
古くからの友だちみたいに思えてきた。

アメル先生にしたっておなじだ。先生がいってしまう。そして、もうあうこともないんだと
思うと、ぼくのうけたばつも、じょうぎでぶたれたことも、わすれてしまった。

かわいそうな先生！

先生が晴れ着をきたのは、最後の授業に敬意をあらわすためだったのだ。ぼくは、どうして
村の老人たちが教室のうしろにすわっているのか、はじめてわかった。いままであまり学校
にこなかったことを、つくづく後悔しているようにみえる。それから、四十年間にわたる先生
のはたらきを感謝し、やがてなくなってしまう祖国に敬意をあらわすためでもあったのだ。

ここまで考えてきたとき、とつぜん、ぼくの名まえがよばれた。ぼくが暗しょうする番なの
だ。このむずかしい動詞の規則を、大きい声で、はっきりと、一つもまちがえずにいえるため
になら、ぼくはどんなにでもしただろう。でも、最初からとちってしまう。立ったまま、
ぶんの席でからだを左右にゆするだけだった。胸がつまり、顔をあげることもできない。

アメル先生の声がきこえてきた。
「フランツ、先生はきみをおこりはしない。これで、きみはじゅうぶん、ばつをうけたはずだ。わたしたちは毎日こう思う。（ああ、時間はまだたっぷりある。あす勉強しよう）とね。そのあげくが、ごらんのとおりだ……。教育をうけるあくる日まわしにするのが、わたしたちのアルザスにとってたいへん不幸なことだ。いまのプロシア人たちにこういわれてもしかたがない。『なんだって！ おまえたち、フランス人だといいはっているのに、じぶんの国のことばの読み書きも、ろくにできないじゃないか！』だからね、フランツ、きみひとりがいちばん悪いわけじゃない。わたしたちは、みんな、じゅうぶん責められるべきなんだよ。
きみたちの親は、きみたちにあまり教育をうけさせたがらなかった。一銭でもおおくかせぐために、畑や製糸工場ではたらかせたかったんだよ。先生だって非難されるところがなかったとはいえない。きみたちに勉強させるかわりに、よく庭の水まきをさせはしなかったか？ 先生がマスを釣りにいきたくなれば、かんたんに学校をお休みにしはしなかっただろうか？」
そこで、アメル先生は、それからそれへと、フランス語についての話をはじめた。フランス語は世界じゅうでいちばん美しい、いちばんはっきりした、いちばんしっかりしたことばであると。だから、ぼくたちで、きちんとまもりつづけ、けっしてわすれてはならないと。なぜなら、民族がどれいになったとき、国語さえしっかりまもっていれば、じぶんたちの牢獄のかぎをにぎっているようなものなのだから……。

D、先生は文法の本をとりあげ、読みはじめた。ぼくはあまりによくわかるので、おどろいた。先生のいうことはみんな、とても、とてもやさしいことのように思えた。ぼくたちはいままで、こんなにちゅうけつの授業をきいたことはなかったし、先生もこんなに根気よく説明したことはちかつたと思う。まるでこの先生は、いってしまう前に、知っていることをみんなぼくたちにおしえ、いちどにぼくたちの頭のなかにたたきこんでしまおうとしているかのようだ。

文法がおわると、こんどはく習字の時間だ。この日のために、アメル先生は、みんなにくばる、まあたらしいお手本を用意してきた。それは、まるいまるい字で、

フランス アルザス フランス アルザス

と、書いてあった。小さな旗が、つくえの上の横木にかかって、教室じゅうにはためいているようだ。

みんな、なんてちゅうけつだったろう！ もの音一つしない！ きこえるのは紙の上でペンしごくの音だけだ。いっとき、コガネムシがとんできたとんできた。でも、だれも見むきもしなかった。一年生たちでさえ、たんねんに、心をこめて線をひく練習をしていた。まるでそれもフランス語であるかのように……。学校の屋根にハトがとまって、ひくい声でクウクウと鳴いている。それをききながら、ぼくは、

（ハトたちも、ドイツ語で鳴かなきゃならなくなるんだろうか？）

と、思った。

ときどき、ノートから目をあげると、アメル先生は、教壇の上で身じろぎもしないで、まわ

りのものをみつめている。それはまるで学校になっている小さな二ぶんの家をそっくり目のなかにおさめようとしているかのようだった……。それもそのはずだ！ この四十年間というもの、先生はおなじ場所で、庭を前にし、かわることのない教室にいたのだもの。ただ、こしかけつくえはふるされて、黒光りしていた。庭のクルミの木は大きくなり、先生がじぶんでうえたホップは、窓から屋根まで花飾りをつけている。いろいろなものとわかれていくのは、先生にとってどんなにつらいことだろう。二階をいったりきたりしながらにもつをしている先生のいもうとの足音をきくのは、どんなにつらいことだろう。先生たちはあす出発して、この土地から永久にいってしまわなければならないのだ。

それでも、先生はりっぱに最後まで授業をつづけた。シュウ字のつぎは歴史の時間だった。それから、低学年の生徒たちが声をそろえて発音の練習をした。教室のすみでオゼールじいさんはめがねをかけ、両手で初等読本をもって、子どもたちといっしょにたどたどしく読んでいる。じいさんもいっしょうけんめいだ。感動のあまり、声がふるえている。きいていると、なんだかこっけいで、ぼくたちはみんな、わらいたくなったり、なきたくなったりした。ああ、ぼくはこの最後の授業のことをわすれようにもわすれられない……。

そのとき、教会の大時計が正午をしらせた。つづいておつけの鐘が鳴る。どうじに、演習からかえってきたプロシア兵のラッパが、窓の下に鳴りひびいた……。アメル先生はまっさおになって教壇に立ちあがった。いままでに先生が、こんなに大きくみえたことはない。

「みなさん。」

先生はいった。

「みなさん……わたしは……わたしは……」

けれど、なにかが先生ののどをつまらせ、先生は、そこまでしかいえなかった。

先生は黒板のほうをむくと、チョークを一本とり、全身の力をこめて、せいいっぱい大きい字で、

「フランスばんざい！」

と、書いた。

そして、そのまま、かべに顔をおしあてた。それから無言で、ぼくらに手であいずした。

「これでおしまいです……おかえりなさい。」

（アルフォンス・ドーデ著　南本史訳『最後の授業』による）

問一　空欄　Ａ　〜　Ｄ　に入る語を、次のア〜キの中からそれぞれ一つずつ選び、記号で答えなさい。ただし、同じ記号を用いてはいけません。

　　ア　その前に　　イ　はやくも　　ウ　ちょうど　　エ　それから
　　オ　いつも　　　カ　それなのに　　キ　おずおずと

問二 傍線部1「ところが、その日はちがった」とありますが、アメル先生は普段はどういう先生ですか。最もふさわしいものを、次のア〜オの中から選び、記号で答えなさい。

ア　おだやかな口調でフランス語文法を説明し、わからないことがあると我慢強く教えてくれる、人気のある先生。

イ　フランス語の動詞の規則については特に厳しく、間違えたり答えられなかったりすると、定規で生徒をたたく恐い先生。

ウ　愛国心が強く、フランス語を教えることに生きがいを感じ、プロシアに対しては以前から強い恨みを持っている先生。

エ　フランス語教師として長年村で教え、授業のときに教室がうるさいと大きな定規で机をたたいて注意する、厳しい先生。

オ　生徒の声に耳を傾け、意見を聞いてくれるが、間違ったことは厳しく注意しつつ、生徒の成長を考えている先生。

問三 傍線部2「なにもかもにおどろいている」とありますが、フランツは何におどろいていますか。最もふさわしいものを、次のア〜オの中から選び、記号で答えなさい。

ア　最後の授業を受けるため村の人たちが集まり、アメル先生は終業式にしか着ないはずの服を着て、いつになく張り切っていること。

イ　村の人がアメル先生の授業を見に来ており、村一番の勉強家であるオゼールじいさんも加わることで、おごそかな雰囲気に包まれていること。

ウ　今日でアメル先生のフランス語の授業が最後であり、その勇姿を見るために村の人々が大勢集まっているにもかかわらず、教室が静かなこと。

エ　いつもと違う身なりをしたアメル先生は、フランツが遅刻しても怒ることなく、教室には、村の人々が集まり生徒と同じように座っていること。

オ　明日から始まるドイツ語の授業を前に、これまでアメル先生にお世話になった村の人たちが集まり、最後の授業を楽しもうとしていること。

問四 傍線部3「国語さえしっかりまもっていれば、じぶんたちの牢獄のかぎをにぎっているようなものなのだから」とありますが、アメル先生はどういうことを言おうとしていますか。最もふさわしいものを、次のア〜オの中から選び、記号で答えなさい。

ア　フランス人としての誇りと自由を守るためには、プロシアの支配に抵抗し続け、今後もフランス語を使う必要があるということ。

イ　自分たちの国の言葉はその民族の誇りを示すものであり、それを自由に使えなくなることは、きわめて屈辱的であるということ。

ウ　たとえ領土を支配されたとしても、自分たちの言葉を守ろうとする意志があれば、精神的な自由は奪われないということ。

エ　アルザスでは、国の言葉を捨てる自由を与えられるという決まりがあるため、フランス語を捨てざるを得ないということ。

オ　アメル先生が教えてくれたフランス語は、プロシアの支配から逃れて自由になるための手段であり、今後も勉強を続ける必要があるということ。

問五 傍線部4「まるでそれもフランス語であるかのように……」とありますが、どういう様子を表していますか。最もふさわしいものを、次のア〜オの中から選び、記号で答えなさい。

ア 最後の授業であることを強く意識し、真心を込めて丁寧に線をひいている様子。
イ 周囲のおごそかな雰囲気に圧倒され、低学年の生徒が一心不乱に線を引く様子。
ウ 線をきれいに引く作業が、最後の授業の目標であることを誰かがめている様子。
エ アメル先生にこれまでの感謝の念を伝えるため、心をこめて線を引いている様子。
オ アメル先生の最後の授業でしかられないために、一生懸命に線を引く様子。

問六 傍線部5「ぼくたちはみんな、わらいたくなったり、なきたくなったりした」とありますが、このときの「ぼくたち」の説明として最もふさわしいものを、次のア〜オの中から選び、記号で答えなさい。

ア アメル先生の授業を受けているうちに、昔の授業を思い出し、感極まったオーゼルじいさんを最初はばかにしていたが、やがてその感動が教室全体に広がり、すがすがしい雰囲気に包まれている。
イ オーゼルじいさんが一生懸命教科書を読んでいる状況におかしさを感じていたが、みんながそろって発音練習をしているうちに、アメル先生の最後の授業に対するさびしさが込みあげている。
ウ 低学年の生徒からオーゼルじいさんまで、みんなが一緒に教科書の発音練習をすることに喜びを覚え、アメル先生のこれまでの苦労をみんなでねぎらい、最後の授業を晴れやかなものにしている。
エ 怒られてばかりで、大嫌いだったアメル先生のフランス語の授業も、終わってしまえばふっと悲しみがこみ上げてきて、生徒たちは今日という日に味わった感動を、胸に焼きつけようとしている。
オ これまで実現することがなかった、オーゼルじいさんと低学年の生徒の発音練習を、もっと早くおこなっていれば、アメル先生と今後もフランス語の授業を続けられたかもしれないという後悔の念を抱いている。

問七 傍線部6「せいいっぱい大きい字で、『フランスばんざい!』と書いた」とありますが、ここから読み取れるアメル先生の気持ちとして最もふさわしいものを、次のア〜オの中から選び、記号で答えなさい。

ア プロシアよりもフランスの方が優れた国であることを見せつける気持ち。
イ プロシアに侵略される現実を受け入れられず、反抗しようとする気持ち。
ウ 長年つとめたフランス語の授業を終えることができたという安堵の気持ち。
エ フランス語教師として、教え子に最後の晴れ姿を見せたいという気持ち。
オ フランス語の美しさや素晴らしさを誇らしく思い、祖国に敬意を表す気持ち。

問八　この文章に対する説明として誤っているものを次のア〜オの中から一つ選び、記号で答えなさい。

　　ア　フランツの心の声や思いが、本文全体にわたって書かれており、少年の素直な感情が表現されている。

　　イ　プロシアに支配されているアルザス地方の日常が、アメル先生の最後の授業を中心に描かれている。

　　ウ　アメル先生の語りの中では、最後の授業にのぞむ先生の気持ちや祖国に対する思いが表現されている。

　　エ　アメル先生の授業の様子が、さまざまな人物の視点を通して、生き生きと描き出されている。

　　オ　フランツは、ドイツ語を話さなくてはならない状況を、ハトに対しても投影することで、自分たちの置かれている状況に思いを巡らしている。

問九　この小説について、六人の小学六年生が話し合いをしました。本文の内容やその解釈に対して、ふさわしい説明をしている生徒を二人選び、名前を答えなさい。

　　あおい……アメル先生がフランス語に誇りを持ち、最後まで授業を一生懸命やる姿に感動したわ。フランスは、自分たちの国と言語に世界一誇りを持っている国なのでしょうね。

　　耕作………うーん。どの国の言語が一番素晴らしいかなんて、結局は主観の問題のような気がする。その主観のぶつかり合いが数々の紛争や戦争を生み出してきたわけだよね。

　　学…………戦争による複雑な時代状況がこの小説のテーマと言えるね。つまり、アルザスの人々がプロシアに支配され、フランス語が使えなくなる状況が描かれているよ。

　　みどり……でも、「勝てば官軍」という言葉が昔からあるように、自分の国が戦争に負けてしまえば、勝った側の言うことに従うことも、ある意味では仕方がないことだよね。

　　一郎………それは危険な発想なのでは。私たちは日本に住み、日本語を使っているけれど、この小説を読んで改めて自分たちの言語の大切さについて考えさせられたよ。

　　あかね……この小説の教訓は、自分たちの文化や言語を守るためには他国との争いに勝利することが一番大事ですが、負けてもそれに屈してはならないということなのね。

一中　第三回　（2月4日）算数

1　次の各問いに答えなさい。

(1) $\dfrac{1}{3} - \dfrac{1}{12} - \dfrac{1}{15} = \dfrac{1}{10} + \dfrac{1}{\square} + \dfrac{1}{30}$ のとき、□にあてはまる数を求めなさい。

(2) $\dfrac{4}{2\times3} + \dfrac{10}{3\times4} + \dfrac{12}{4\times5} + \dfrac{7}{5\times6}$ を計算しなさい。

2 次の各問いに答えなさい。

(1) 次の■にあてはまる数を求めなさい。

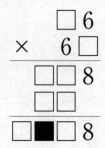

(2) 下の図において、印をつけた角の大きさの和を求めなさい。

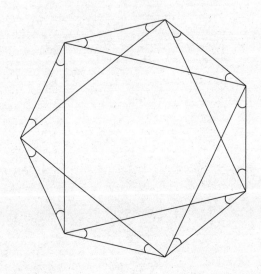

（3） 下の図のように、長方形 ABCD において BE と CF が垂直に交わるとき、長方形 ABCD の面積は何cm²ですか。

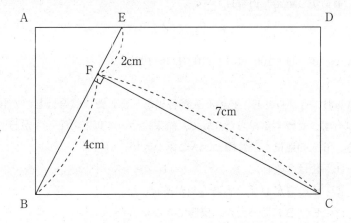

（4） あるクラスの生徒35人の通学時間を調べたところ、5分ごとの通学時間と人数は、下のグラフのような結果になりました。また、平均通学時間は24分でした。このとき、通学時間が20分の生徒と40分の生徒の人数はそれぞれ何人ですか。

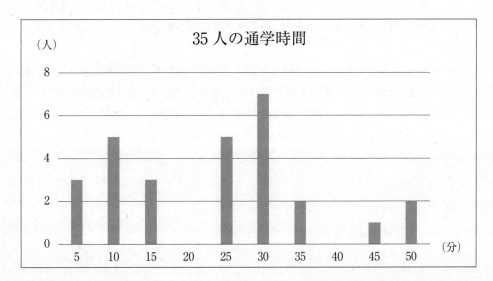

(5) 下のように、ある規則にしたがって0と1が並んでいます。例えば、↓で指定した0は3回目に現れる0で、最初から数えて8番目です。このとき、18回目に0が現れるのは、最初から数えて何番目ですか。

　　　　　　　　　↓
　　　1　10　11　100　101　110　111　1000…

(6) A，B，C，D，E，Fの6人が将棋をしました。試合はどの人も他のすべての人と1試合ずつ対戦する総当たり戦で、結果について以下の①〜⑥がわかっています。このとき、6人の順位を解答欄にかきこみなさい。
　① Fは全敗した
　② Bの方がDよりも勝ち数が多かった
　③ EはBに勝ったが、優勝できなかった
　④ CはF以外に負けた
　⑤ 全勝した者がいる
　⑥ 同じ勝敗数の者はいない

(7) AにはBの5倍の貯金がありましたが、Aは900円、Bは1300円をもらったので、Aの貯金はBの3倍になりました。2人の最初の貯金はそれぞれ何円ですか。

(8) AからBまでの道のりをすべて歩くと60分かかり、自転車に乗ると15分かかります。Aを自転車で出発してBに向かって進みましたが、途中で自転車を置いて歩くことにしました。歩いた時間は自転車に乗っていた時間の1.5倍でした。AからBまでかかった時間は何分ですか。

3 表面と裏面それぞれに、下の例1や例2のように"ひらがな"または"カタカナ"の2文字と⇒が書かれているカードがあります。

　表面と裏面には、⇒の左右の文字を入れ替え、"ひらがな"は"カタカナ"に、"カタカナ"は"ひらがな"に書き換えるという規則があります。

　また、あ⇒イ と イ⇒う のように、一方のカードの⇒の右の文字ともう一方のカードの⇒の左の文字が一致するとき、これらのカードを組み合わせることで、「あ⇒う」と読めるものとします。このとき、そのカードの裏面の い⇒ア と ウ⇒い では、「ウ⇒ア」と読むことができます。したがって、あ⇒イ と イ⇒う の2枚のカード1組を表面が あ⇒う の1枚のカードに取りかえるものとします。このとき、次の各問に答えなさい。

（1）表面に ノ⇒う と書かれているカードの裏面に書かれている文字を、解答欄にかきこみなさい。

（2）最初に、い⇒あ、ウ⇒イ、エ⇒い、え⇒お、あ⇒オ のカードがあります。この中の2枚のカードの表面または裏面を組み合わせて新しいカードに取りかえ、その新しいカードとまだ使っていないカードを組み合わせて、また新しいカードに取りかえます。最初にある5枚のカードすべてを1度ずつ用いて取りかえることができるカードを、次の①〜⑤の中からすべて選び、記号で答えなさい。

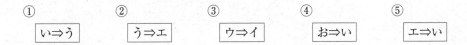

4 下の図のような、1辺の長さが6cmの立方体 ABCD－EFGH があり、点 M，N はそれぞれ辺 DH，EH の真ん中の点です。この立方体を3点 D，N，G を通る平面と3点 E，M，G を通る平面で同時に切断します。このとき、次の各問いに答えなさい。

（1） 立方体は何個の立体に分けられますか。

（2） 頂点 H を含む立体の頂点は何個ですか。

（3） 頂点 H を含む立体の体積は何cm³ですか。

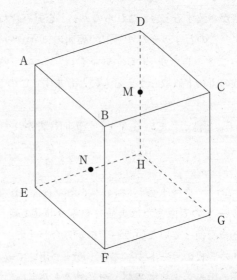

5 整数1，2，3，…と＋，－を用いて作ることができる数について考えます。

   1と2を1個ずつと＋，－をどちらか1個用いて作るとき
   ①　＋を1個使う
       和は足し算する順番に関わらず，1＋2＝3
   ②　－を1個使う
       2－1＝1
   ①と②から、作ることができる数は1，3となります。

   1から3までの整数を1個ずつと＋，－を全部で2個用いて作るとき
   ①　＋を2個使う
       和は足し算する順番に関わらず，1＋2＋3＝6
   ②　＋と－を1個ずつ使う
       1＋2－3＝0，1＋3－2＝2，2＋1－3＝0，2＋3－1＝4
       3＋1－2＝2，3＋2－1＝4，2－1＋3＝4，3－1＋2＝4
       3－2＋1＝2
   ③　－を2個使う
       3－2－1＝0，3－1－2＝0
   ①と②と③から、作ることができる数は0，2，4，6となります。

このとき、次の各問いに答えなさい。

（1）　1から4までの整数を1個ずつと、＋，－を全部で3個用いて作ることができる数をすべて答えなさい。

（2）　1から5までの整数を1個ずつと、＋，－を全部で4個用いて作ることができる数をすべて答えなさい。

（3）　1からAまでの整数を1個ずつと、＋，－を全部でAより1個少ない個数だけ用いて作ることができる数について考えます。Aを6，7，8，9，10，…と増やしていくとき、作ることができる数やその個数について、どのようなことがいえますか。気づいたこと、考えられることを書きなさい。いくつ書いても構いません。

一中 第三回 （2月4日）社会

1 次の地図をみて、後の各問いに答えなさい。

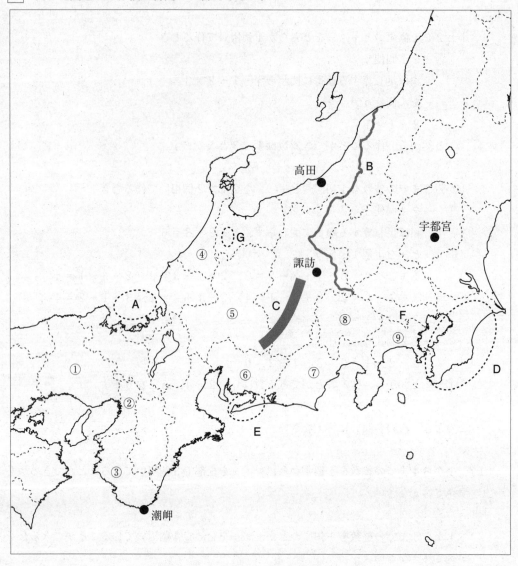

問1 地図中のAの湾、Bの河川、Cの山脈、Dの半島の名前を、それぞれ**漢字**で答えなさい。

問2 関東平野の地層を調べると、大昔の火山の噴火によって噴出した赤土の火山灰層で覆われています。この火山灰層の名前を答えなさい。

問3 日本の県庁所在地は、江戸時代の城下町を起源に持つものが大半を占めています。地図中①～⑨の県の県庁所在地のなかで、**城下町が起源となっていないもの**を2つ選び、記号で答えなさい。

問4 次の雨温図は、地図中の高田、潮岬、宇都宮、諏訪のいずれかのものです。宇都宮の雨温図として適切なものを、次のア～エから1つ選び、記号で答えなさい。

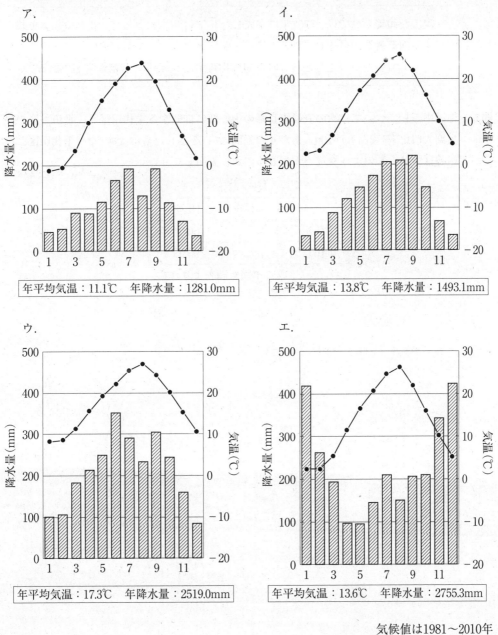

気候値は1981～2010年
（気象庁ホームページより作成）

問5 地図中のEの半島で行われている農業について説明した次の文章中の空欄 ア ・ イ に当てはまる適切な語句を、それぞれ答えなさい。

> 温暖な渥美半島では、1968年に完成した ア 用水によって、花卉や果実を栽培する園芸農業が発達している。特に、温室メロンや、照明を利用して開花期を遅らせて需要の多い正月から3月下旬に出荷する イ の栽培が有名である。

問6 地図中のFについて、次の表は東京都の中心部に位置する千代田区と、世田谷区の昼夜間人口比率(夜間人口100人あたりの昼間人口)を示したものです。なぜ千代田区と世田谷区では、このような違いが生じるのか、説明しなさい。

	昼夜間人口比率
千代田区	1460.6
世田谷区	94.9

(平成27年国勢調査より作成)

問7 地図中のGの地域を示した地形図をみて、後の(1)・(2)の各問いに答えなさい。

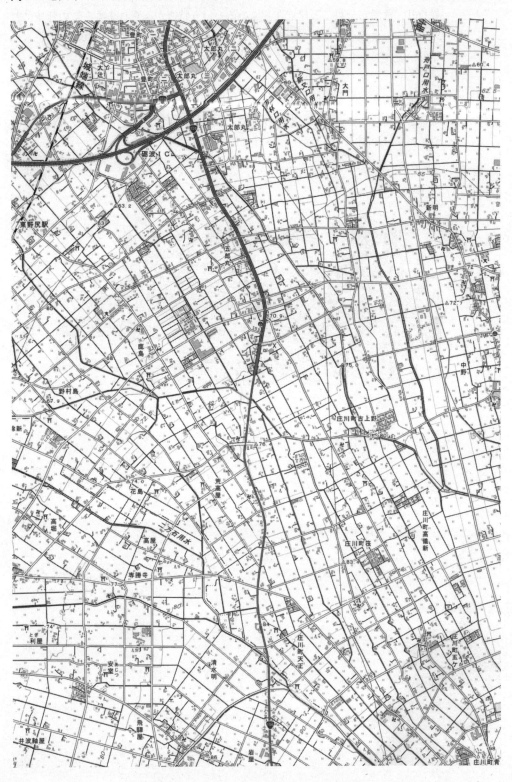

（1）地形図の地域の主な集落は江戸時代に発達したもので、家屋が密集する村落とは異なり、家屋が一戸ごとに点在しているという特徴がみられます。この地域において、このような村落の形態をとることのメリットとして考えられるものを1つ挙げ、説明しなさい。

（2）この地域の伝統的な家屋の周りには、次の写真のような「カイニョ」と呼ばれる屋敷林が植えられています。屋敷林を植えることのメリットとして考えられるものを1つ挙げ、説明しなさい。

2　「国家と道路」に関する次の(1)～(4)の文章を読み、後の各問いに答えなさい。

(1)
　701年、文武天皇の時代に制定された①大宝律令によって、律(刑法)と令(政治制度や税制度に関する法)に基づく政治が行われるようになりました。全国は、②都とその周辺地域である「畿内」と、都から地方へと延びる道路を基準とした「A七道(東海道・東山道・北陸道・山陰道・山陽道・南海道・西海道)」とに分けられ、各国に対する支配は「畿内」と「道」を単位として行われました。これらの道路は、一刻も早い情報伝達や移動のために、多少のこう配は気にせず、見通しの良い2点を結んで直線的につくられました。また、30里ごとを原則として、道路に沿って人や馬を常備する駅が設置され、中央の役人や地方からの使者は駅を伝わって往来をしていました。

(2)
　1180年に源頼朝が鎌倉に入ると、東国が政治の中心となり鎌倉を中心とした交通網の必要性が生じます。頼朝は③京都と鎌倉をつなぐ道路である東海道を整備し、駅や宿を新設することで、京都・鎌倉間の所要日数の大幅な短縮を実現します。また、諸国の④御家人が鎌倉へと至る道である鎌倉街道を整備しました。鎌倉街道は鎌倉から各地へと放射状に造られた道であり、1189年ごろまでには、上道・中道・下道の3本の道が成立していたことがわかっています。現在も各地にみられる鎌倉街道はその名残となっています。

(3)
　1601年に⑤徳川家康が⑥京都と江戸を結ぶ⑦東海道に宿駅を設けたことを始まりとして、日本橋を起点とする幕府直轄の陸上交通路5つが整備され、五街道(東海道・中山道・日光街道・奥州街道・甲州街道)とよばれました。街道には宿駅が設置され、宿駅には人馬の常備が義務付けられました。B参勤交代が制度化されると、街道の整備は急速に進み、幕府や大名の物資の運搬はもちろんのこと、商人の荷物の運送も活発になりました。そのような動きにあわせて、⑧街道を通じた　あ　による通信制度も発達します。　あ　たちの速度は料金によって異なり、並便では江戸・京都間(約500km)を30日ほど、速達便では6日ほどで往来していたと言われています。また、庶民による寺社詣などの旅行も盛んになり、案内記と呼ばれるガイドブックも数多く出版されていました。

(4)

戦後の日本の道路整備は、欧米諸国に著しく遅れをとった状態から始まります。1955年段階では、一般国道の舗装率はわずか13.6％という状況でした。その後、いわゆる⑨高度経済成長期に突入するとともに、道路整備も本格的に進展していきます。ガソリンにかかる税金を道路整備にあてる制度や、有料道路を建設するための制度などが確立され、1965年には愛知県小牧市から兵庫県西宮市を結ぶ名神高速道路が全線開通しました。⑩その後も高速道路は次々と建設され、現在では⑪日本の交通ネットワークの要として私たちの生活を支えています。

問1 下線部①について、天武天皇の皇子である刑部親王とともに大宝律令の制定に中心的に関わった人物を、次のア～エから1つ選び、記号で答えなさい。

ア．藤原鎌足　イ．藤原道長　ウ．藤原不比等　エ．藤原純友

問2 下線部②について、大宝律令が制定された時の都として適切なものを、次のア～エから1つ選び、記号で答えなさい。

ア．藤原京　イ．平城京　ウ．長岡京　エ．平安京

問3 下線部③について、承久の乱の後、朝廷や西国を監視するために鎌倉幕府が京都に設置した機関を、次のア～エから1つ選び、記号で答えなさい。

ア．二条城　イ．京都所司代　ウ．太政官　エ．六波羅探題

問4 下線部④について、鎌倉幕府において御家人の統率や警察などの任務を行った機関を、次のア～エから1つ選び、記号で答えなさい。

ア．侍所　イ．問注所　ウ．政所　エ．鎌倉府

問5　下線部④について、御家人は、自らの領地の支配権を将軍に認めてもらう代わりに、鎌倉で戦いが起きた際は急ぎ駆けつけて、将軍のために戦うこととされました。このような将軍と御家人との主従関係を何というか、解答欄に合う形で答えなさい。

問6　下線部⑤について、大名の統制をすすめた徳川家康は、諸大名を徳川氏との関係に応じて分類しました。伊達氏や毛利氏のように、関ヶ原の戦い以後に徳川氏に従った大名の分類を、次のア～エから１つ選び、記号で答えなさい。

　　ア．譜代大名　　イ．守護大名　　ウ．外様大名　　エ．親藩

問7　下線部⑥について、朝廷や西国を監視するために、江戸幕府が京都に設置した機関を、次のア～エから１つ選び、記号で答えなさい。

　　ア．二条城　　イ．京都所司代　　ウ．太政官　　エ．六波羅探題

問8　下線部⑦について、鎌倉時代には東海道には60余りの宿があったとされており、江戸幕府は鎌倉時代の宿をそのまま認定した上で整備を行ったために、宿駅の間隔はまちまちになっています。今、ある人物が川崎宿を出発して、東海道を沼津方面へ時速6kmで歩くとします。1日に最大9時間歩くことができるとした場合、この人物がその日にたどり着くことができる最も遠い宿駅はどことなるか、下の地図と表をもとに答えなさい。なお、1里は36町で、計算する際には1里を4キロとすること。

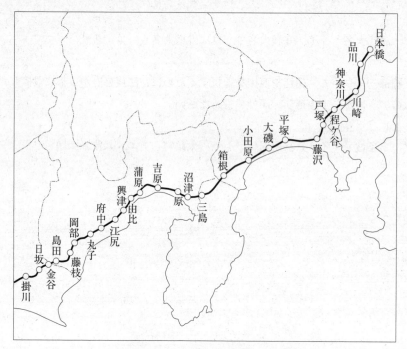

宿名	前の宿駅からの距離
日本橋	―
品川	2里00町
川崎	2里18町
神奈川	2里18町
程ケ谷	1里09町
戸塚	2里09町
藤沢	2里00町
平塚	3里18町
大磯	0里27町
小田原	4里00町
箱根	4里08町
三島	3里28町
沼津	1里18町

（「近世交通史料集」4より作成）

問9　下線部⑧について、文章中の空欄 あ に当てはまる適切な語句を、**漢字2字**で答えなさい。

問10　下線部⑨に関連して、1960年に所得倍増計画を打ち出した総理大臣を、次のア〜エから1つ選び、記号で答えなさい。

　　　ア．佐藤栄作　　イ．田中角栄　　ウ．岸信介　　エ．池田勇人

問11　下線部⑩について、名神高速道路に次いで、1969年に全線が開通した高速道路を下の地図中ア〜エから1つ選び、記号で答えなさい。

問12 下線部⑪について、下の表は2010年に行われたアンケート「年齢別・利用目的別の高速道路の利用状況」の結果をまとめたものです。表中のXに当てはまる利用目的を考えて、答えなさい。

(人)

年齢	仕事	通勤	X	通院・介護	その他	計
18〜44歳	666	205	2,321	47	667	3,906
45〜64歳	887	184	2,099	96	736	4,002
65歳以上	36	6	257	16	99	414
計	1,589	395	4,677	159	1,502	8,322

＊「その他」は、帰省など。
(平成22年度顧客満足度調査(東日本高速道路(株)、中日本高速道路(株)、西日本高速道路(株)))

問13 下線部Aについて、これらの道路は、その重要度に応じて大路・中路・小路の三段階に区分されていました。このうち最も重要度の高い大路とされたのは山陽道でした。下の地図をもとに、なぜ山陽道が大路とされたのか説明しなさい。

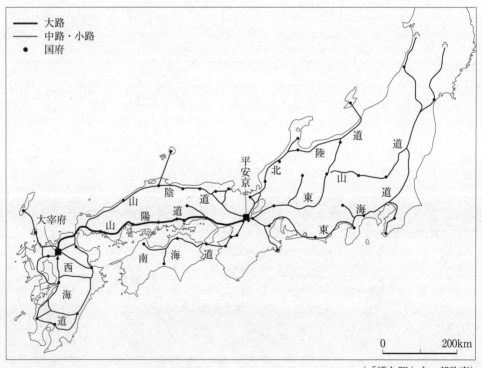

(「道と駅」を一部改変)

問14 下線部Bについて、なぜ参勤交代が制度化されると、街道の整備が急速に進むこととなるのか説明しなさい。

問15 古くから人々は、道路を作ることで、離れた場所の間を「人・物・情報」が少しでも速く移動することができる環境を整えてきました。ところが、通信技術の発達によるインターネットの普及は、この「移動時間をいかに短縮させるか」という考え方を大きく変えることになりました。その理由を説明しなさい。

3 次の資料①〜③を読み、後の各問いに答えなさい。なお、資料中の政党名や肩書きなどは当時のものです。

資料① 朝日新聞 2017年5月4日付朝刊
「第19回公開憲法フォーラム」安倍首相メッセージ（抜粋）

> 憲法改正は、自由民主党の立党以来の党是です。自民党結党者の悲願であり、歴代の総裁が受け継いでまいりました。私が総理・総裁であった10年前、施行60年の年に あ 法が成立し、改正に向けての一歩を踏み出すことができましたが、憲法はたった一字も変わることなく、施行70年の節目を迎えるに至りました。
>
> 憲法を改正するか否かは、最終的には、 あ によって、国民が決めるものですが、その い は国会にしかできません。私たち国会議員は、その大きな責任をかみしめるべきであると思います。
>
> 次なる70年に向かって日本がどういう国を目指すのか。今を生きる私たちは、①少子高齢化、人口減少、経済再生、安全保障環境の悪化など、我が国が直面する困難な課題に対し、真正面から立ち向かい、未来への責任を果たさなければなりません。
>
> 憲法は、国の未来、理想の姿を語るものです。私たち国会議員は、この国の未来像について、憲法改正の い 案を国民に提示するための、「具体的な議論」を始めなければならない、その時期に来ていると思います。

資料②
日本国憲法条文(抜粋)

第十条　日本国民たる要件は、法律でこれを定める。

第二十七条　すべて国民は、 う の権利を有し、義務を負ふ。
2　賃金、就業時間、休息その他の つ 条件に関する基準は、法律でこれを定める。

第二十九条　財産権は、これを侵してはならない。
2　財産権の内容は、②公共の福祉に適合するやうに、法律でこれを定める。

第四十三条　両議院は、全国民を代表する選挙された議員でこれを組織する。
2　両議院の議員の定数は、法律でこれを定める。

第四十七条　選挙区、投票の方法その他両議院の議員の選挙に関する事項は、③法律でこれを定める。

第六十四条　国会は、罷免の訴追を受けた裁判官を裁判するため、両議院の議員で組織する え 裁判所を設ける。
2　 え に関する事項は、法律でこれを定める。

第七十九条　最高裁判所は、その長たる裁判官及び法律の定める員数のその他の裁判官でこれを構成し、その長たる裁判官以外の裁判官は、 お でこれを任命する。
2　最高裁判所の裁判官の任命は、その任命後初めて行はれる衆議院議員総選挙の際国民の審査に付し、その後 X 年を経過した後初めて行はれる衆議院議員総選挙の際更に審査に付し、その後も同様とする。
3　前項の場合において、投票者の多数が裁判官の罷免を可とするときは、その裁判官は、罷免される。
4　審査に関する事項は、法律でこれを定める。

第九十条　国の収入支出の決算は、すべて毎年会計検査院がこれを検査し、 お は、次の年度に、その検査報告とともに、これを国会に提出しなければならない。
2　会計検査院の組織及び権限は、法律でこれを定める。

第九十二条　④地方公共団体の組織及び運営に関する事項は、地方自治の本旨に基いて、法律でこれを定める。

資料③ 朝日新聞 2017年4月27日付朝刊
論壇時評「日本国憲法　改正されずにきた訳は」（抜粋、一部改変）

　日本国憲法には、どんな不備があるのか。不備があるのに、なぜ改正されずにきたのか。今回はこの問題を考えたい。

　月刊誌が自民・民進・公明・維新の4党に憲法観を聞いた。各党とも、「憲法はいまの日本の姿に見事に定着しています」（保岡興治・自民党憲法改正推進本部長）という点では、ほぼ共通しているようだ。

　だが一方で、時代の変化に応じた改正が必要だという認識でも、4党は共通している。各党が挙げている改正点は、⑤9条を別にすると、環境権、地方自治、緊急事態対応、合区解消、教育無償化、首相の解散権などだ。

　とはいえ、総じて「これは急いで改憲しないと困る—といった具体的な提案はどの党からも出ていない。変えたほうが望ましいといった議論があるのみ」（枝野幸雄・民進党憲法調査会長）なのだ。

　実はこうした状態は、今に始まったものではない。敗戦直後から、憲法の不備を指摘する意見は多かった。それでも改憲は実現しなかったし、また実現しなくても大きな問題はなかった。

　その理由は何だろうか。改憲への反対が強かったこととは別の理由として、ケネス・盛・マッケルウェインは、日本国憲法の特性を指摘する。

　実は日本国憲法は非常に短い。各国憲法を英訳した単語数を比較すると、日本国憲法はインド憲法の29分の1、ドイツ基本法の5分の1に満たず、世界平均の4分の1以下なのである。

　なぜ短いのか。日本国憲法制定以後の他国の憲法が、環境権など新しい権利を記していることが多いのも一因だ。だがそれ以上に大きな理由は、　　　Ⅰ　　　である。

　マッケルウェインはこれが、日本国憲法が改憲されなかった理由だという。他国では改憲が必要な制度改正でも、日本では　　　Ⅱ　　　からだ。

　なお議会での改正手続きをもつ憲法のうち、3分の2の賛成を必要とするものは78%だという。つまり、日本国憲法は、特段に改正が難しいわけではない。改憲しなくても「事足りた」から改憲されなかったというのである。

問1　本文中の空欄　あ　～　お　に当てはまる適切な語句を、それぞれ**漢字**で答えなさい。

問2　本文中の空欄　X　に当てはまる適切な数字を、**算用数字**で答えなさい。

問3　下線部①について、一般に、人口に占める65歳以上の割合である高齢化率が7％を超えると「高齢化社会（高齢化が進んでいる社会）」と呼ばれ、14％を超えると「高齢社会（高齢化した社会）」と呼ばれます。また、高齢化率が7％から14％に至る年数は「倍加年数」と呼ばれ、その国の高齢化のスピードを表す指標となっています。下の表をもとに、次の（1）（2）の各問いに答えなさい。

国	人口（千人）（2016年）	65歳以上人口割合（到達年次）						
		7％	10％	14％	15％	20％	21％	25％
フランス	64,721	1864	1943	1990	1995	2020	2023	2053
スウェーデン	9,838	1887	1948	1972	1975	2015	2021	2054
イギリス	65,789	1929	1946	1975	1982	2027	2030	2060
ドイツ	81,915	1932	1952	1972	1976	2009	2013	2025
アメリカ	322,180	1942	1972	2014	2017	2031	2048	2093
日本	127,749	1970	1985	1994	1996	2005	2007	2013
韓国	50,792	1999	2007	2017	2019	2026	2027	2033
シンガポール	5,622	1999	2013	2019	2020	2026	2027	2033

人口は概算値、2017年以降の到達年次は予測値
（「東大がつくった高齢社会の教科書」、「World Population Prospects」より作成）

（1）日本の倍加年数を答えなさい。

（2）上の表から読み取れる内容として適切なものを、次のア～エから**すべて**選び、記号で答えなさい。

ア．これらの国の中で最も早く高齢社会に突入した国は、フランスである。
イ．2017年現在、ドイツはこれらの国の中で2番目に高い高齢化率となっている。
ウ．これらの国の中で倍加年数が最も短い国は、韓国である。
エ．2017年現在、これらの国の中で高齢者数が最も多い国は、日本である。

問4　下線部②について、公共の福祉とは、すべての人の権利や自由がバランスよく守られるように、互いの権利や自由の衝突を調整するものです。例えば今、混雑した電車内で、大声で会話をする2人組がいたとします。もちろん2人には会話をする自由がありますが、この場合2人の行為は公共の福祉に反しているとも捉えられます。混雑した電車内において大声で会話をする行為は、どのような点で公共の福祉に反すると捉えられるのか、具体的に説明しなさい。

問5　下線部③について、この法律の名称を答えなさい。

問6　下線部④に関連して、1999年から2010年にかけて行われた平成の大合併によって、全国に3,232あった市町村の数は1,727となりました。これらの合併は、人口の減少や少子高齢化の進行といった状況を受けて、自治体や住民にプラスの効果を生み出すために行われたものです。では、市町村を合併することによって、自治体や住民には具体的にどのようなプラスの効果が起こると考えられるのか、また逆にどのようなマイナスの効果が起こると考えられるのか、あなたの考えを理由とともに述べなさい。

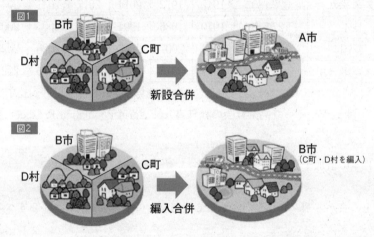

（姶良中央地区合併協議会HPより）

問7 下線部⑤について、次の憲法9条の条文中の空欄 A ・ B に当てはまる適切な語句を、それぞれ**漢字**で答えなさい。

> 第9条 日本国民は、正義と秩序を基調とする国際平和を誠実に希求し、国権の発動たる戦争と、 A による威嚇又は A の行使は、国際紛争を解決する手段としては、永久にこれを放棄する。
> 2 前項の目的を達するため、陸海空軍その他の B は、これを保持しない。国の交戦権は、これを認めない。

問8 次の(1)～(3)の各問いに答えなさい。

(1) 本文中の空欄 Ⅰ に当てはまる内容を、資料②を参考にして考え、文章に合う形で答えなさい。

(2) 本文中の空欄 Ⅱ に当てはまる内容を考え、文章に合う形で答えなさい。

(3) (1)(2)を踏まえて、「憲法は権力者が守るべきものとして定められたものである」という考え方から捉えたときに、日本国憲法にはどのような問題があるといえるか説明しなさい。

一中　第三回（2月4日）理科

1　少量の塩化ナトリウムを水の中に入れると塩化ナトリウムは溶けて均一な液体になります。このような現象を溶解といいます。水のように他の物質を溶かす液体を溶ばい、塩化ナトリウムのように溶ばいに溶ける物質を溶質、溶解によって生じる均一な液体を溶液といいます。

　ある温度で、一定量の溶ばいに溶質を溶かしていくとそれ以上溶質が溶けずに残るようになります。このような状態の溶液を飽和溶液といい、一定量の溶ばいに溶かすことのできる溶質の最大量をその溶ばいに対する溶質の溶解度（水100gに対して溶ける溶質の重さ[g]）といいます。次の表1はさまざまな物質の溶解度を示しています。

表1

	0℃	10℃	20℃	30℃	40℃	60℃	80℃
物質A	28	31	34	37	40	46	51
物質B	13	22	32	46	64	109	170
塩化ナトリウム	38	38	38	38	38	39	40

問1　物質A、物質B、塩化ナトリウムの中で、最も再結晶させにくい物質はどれですか。

問2　物質A 24gを溶かすために必要な40℃の水は最低で何gですか。

問3　溶解度のわからない物質C 31.5gを40℃の水に溶かすとき、必要な水は最低で30gです。

　（1）　40℃での物質Cの溶解度を答えなさい。

　（2）　40℃での物質Cの飽和水溶液の濃さは何％ですか。整数で答えなさい。

問4　次の2種類の塩化ナトリウム水溶液を用意しました。
　　　①濃さ10％、重さ400g
　　　②濃さ20％、重さ100g

　（1）　①と②の水溶液を混ぜると濃さは何％になりますか。

　（2）　②の水溶液を①の水溶液と同じ濃さにしたい。どのようにしたら同じ濃さになるかを、具体的な数値を示して答えなさい。

問5　物質Bが溶けた80℃の飽和水溶液540gがあります。

（1）この飽和水溶液を30℃まで冷却したときに出てくる結晶は何gですか。

（2）出てきた結晶を取り出す方法としてもっとも適当なものを、次のア～エから選び、記号で答えなさい。

　　　ア　　　　　　イ　　　　　　ウ　　　　　　エ

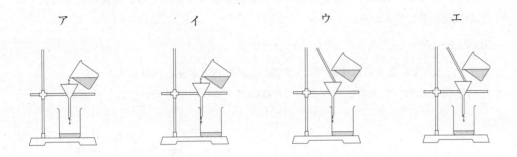

問6　塩化ナトリウム水溶液は、水に比べて高い温度にしなければ沸とうしないことがわかっており、沸点が何度になるかは、以下の式で求めることができます。濃さが20％の塩化ナトリウム水溶液の沸点を答えなさい。

$$沸点[℃] = 100 + \frac{溶質の重さ[g]}{溶ばいの重さ[g]} \times 17.6$$

問7　濃さがわからない塩化ナトリウム水溶液75gを加熱し、水を29g蒸発させたところで一度、実験を中断させました。その後、実験を再開するときの水溶液の温度は20℃でした。その後再び加熱をしてすべて水がなくなったとき、塩化ナトリウムの結晶は16g出てきました。下線部の時に出てきた結晶は何gですか。

2　音とは、空気の振動が伝わっていく現象です。この振動が伝わっていく様子は、空気が図1のような形となって空間中を進んでいくものとして考えられます。これを「波」と呼びます。図2には波の各部位の名称を記しています。最も上に出ているところを「山」、最も下に出ているところを「谷」といい、山と山の距離を波長と呼びます。また、音は空気中では1秒間に300m進む事がわかっています。

　ここで人が音を聞いた時のことを考えます。音が人の耳に伝わっている時、1秒間に何個の山が耳に伝わったのかで、聞いた音の高さが決まります。例えば、波長が1.5mの音では、1秒間に300m進むことから、

　　　300÷1.5＝200

となり、止まっている人には1秒間に200個の山が伝わる事がわかります。
また、1秒間に伝わった山の個数が多いほど高い音、少ないほど低い音になります。

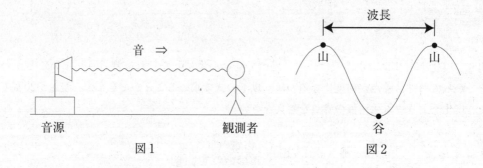

図1　　　　　　　　　図2

問1　音と光はどちらのほうが速く進みますか。

問2　音は、固体、液体、気体のなかでそれぞれ進む速さが変わります。進む速さが速い順に並べなさい。

問3　波長が2mの音を止まっている人が聞いたとき、1秒間に何個の山が伝わりますか。

問4　波長が短い音と長い音ではどちらの方が高く聞こえますか。

問5　止まっている人が音を聞き、10秒間に6000個の山が伝わりました。この音の波長は何mですか。

１秒間に伝わる山の個数は、音の速さが変わらない限り、波長で決まります。しかし、人が音源に向かって走った場合、１秒間に伝わる山の個数は、止まって音を聞いた場合に比べて多くなるので、聞き取る音は高くなります。一方、音源から遠ざかる方向へ走った場合、１秒間に伝わる山の個数は、止まって音を聞いた場合に比べて少なくなるので、聞き取る音は低くなります。

　このように、人が音源に向かって走った場合には、観測する音の速さは、音速（秒速300m）と走る速さの和になります。逆に、音源から遠ざかる方向で走った場合には、人が観測する音の速さは、音速と走る速さの差になります。

例　① 音源に向かって秒速10mで走った場合
　　　300＋10＝310　　　　　秒速310m
　　② 音源から遠ざかる方向へ秒速10mで走った場合
　　　300－10＝290　　　　　秒速290m

問６　波長が２mの音では、音源に向かって秒速10mで走った人には、１秒間に何個の山が伝わりますか。

問７　図３のように２つの音源Ａ・Ｂがあります。Ａからは波長８m、Ｂからは波長７mの音が出ています。２つの音源の間で人が車に乗って移動しました。２つの音が同じ高さに聞こえるためには、車はＡ、Ｂのどちらへ向かって、秒速何mの速さで走ればいいですか。

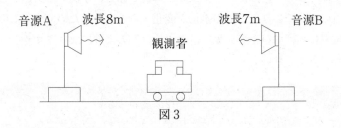

図３

3 図1のようなガラス製の容器に水を入れ密閉し、気圧計の水位が上下するようすを観察して天気の変化を予測しました。この容器に入れた水は大気圧が低くなると水位が上がります。このような気圧計を使って温度が一定の状態で水位の変化を記録しました。図2は、その結果を表したものです。

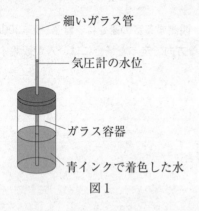
図1

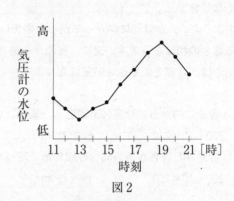
図2

問1　大気圧が関係しているものを、次のア～エからすべて選び、記号で答えなさい。

　　ア．ストローでお茶が飲める。
　　イ．なめらかな面に吸盤がつく。
　　ウ．鉄が磁石につく。
　　エ．衣類を圧縮袋の中に入れて空気を抜くと小さくまとめることができる。

問2　大気圧を調べるとき、図1の気圧計を常に同じ高さに設置して実験を行いました。これは、高さの変化により気圧計の水位が変化するのを防ぐためです。この気圧計をしだいに高い位置にあげていくと、気圧計の水位はどのようになりますか。次のア～ウから選び、記号で答えなさい。

　　ア．上がる　　イ．下がる　　ウ．変わらない

問3　図2で大気圧が最も高くなる時刻は何時頃ですか。

問4　気圧計の水位が最も高くなった時刻の前後に、急に激しい雨が降り、気温が下がりました。このような気象現象が起こった理由を、次のア～エから選び、記号で答えなさい。

　　ア．高気圧にともなう温暖前線が通過したため。
　　イ．高気圧にともなう寒冷前線が通過したため。
　　ウ．低気圧にともなう温暖前線が通過したため。
　　エ．低気圧にともなう寒冷前線が通過したため。

大気圧を初めて測定した人物はイタリアのトリチェリです。当時は約10mよりも深い井戸からはホースを使って水を吸い上げられないことが経験によって知られていました。この理由を説明するために、トリチェリは水の代わりに水銀を使って実験をしました。

水銀を満たした水槽の中に1mの長さのガラス管を入れて水銀で満たし、ガラス板でふたをしたものを逆さに立てました（図3）。その後ガラス板を取ると、ガラス管の水銀は下がり、液面から76cmの高さで静止しました（図4）。

水銀が空気と触れている点Aでは、空気が押す力と水銀が空気を押す力が等しいので水銀の表面は静止しています。一方、点Bでは水銀柱（ガラス管の中の水銀）が上から下に押す力と水銀が上に押す力が等しくなっています。したがって、空気が押す力と76cmの水銀柱が押す力は同じ大きさになります。

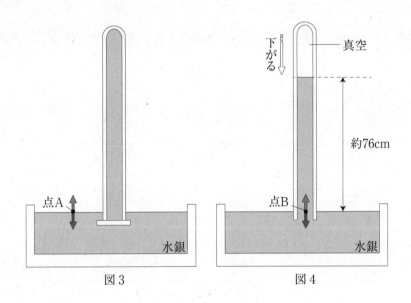

図3　　　　　　　図4

問5　この実験を次の①と②の条件で行った場合、ガラス管の中にある水銀の液面の高さはどうなると考えられますか。次のア～ウからそれぞれ選び、記号で答えなさい。
① 図3の状態よりもガラス管を傾けて固定し、その後ガラス板を取ったとき
② 台風の中心が近づいているとき

ア．高くなる
イ．低くなる
ウ．変わらない

問6　76cmの水銀柱の重さが1033.6gでした。このとき、1cm³あたりの水銀は何gですか。ただし、水銀柱の底面積は1cm²とします。

問7　水銀のかわりに水を使って同じような実験をすると水の高さは何mになりますか。小数第一位まで求めなさい。ただし、1cm³の水の重さは1gとし、水の蒸気はガラス管の中には存在しないものとします。

4 動物のからだのつくりと生活場所を示した図1について、以下の問いに答えなさい。

図1

問1　図1の動物の肢をア～オからそれぞれ選び、記号で答えなさい。また、その動物の生活場所を、カ～ケからそれぞれ選び、記号で答えなさい。

問2　図2の歯の特徴(とくちょう)を持つ動物の種類は、どの動物ですか。図1の動物から選び、名まえを答えなさい。

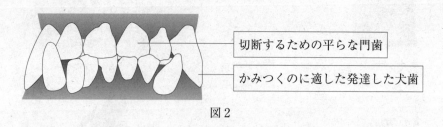

図2

問3　図1の動物を食べ物の種類からなかま分けすると図3のようになります。これについて（1）～（3）に答えなさい。

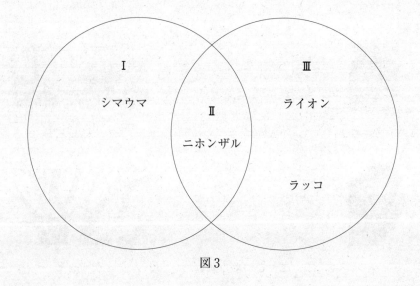

図3

（1）　ⅠとⅢの動物のなかまは、それぞれ何動物と呼ばれますか。名まえを答えなさい。

（2）　図1のニホンカモシカは図3のどのなかまに入りますか。Ⅰ～Ⅲの記号で答えなさい。

― 120 ―

（3） Ⅰのなかまの消化器官について、以下の問いに答えなさい。

① このなかまの消化器官の特徴を、次のア～クから選び、記号で答えなさい。

　　ア．小腸が長く栄養価の高い食物を長い時間で消化できる。
　　イ．小腸が長く栄養価の高い食物を短い時間で消化できる。
　　ウ．小腸が長く栄養価の低い食物を長い時間で消化できる。
　　エ．小腸が長く栄養価の低い食物を短い時間で消化できる。
　　オ．小腸が短く栄養価の高い食物を長い時間で消化できる。
　　カ．小腸が短く栄養価の高い食物を短い時間で消化できる。
　　キ．小腸が短く栄養価の低い食物を長い時間で消化できる。
　　ク．小腸が短く栄養価の低い食物を短い時間で消化できる。

② このなかまの消化器官には小腸以外にも発達している消化器官があります。この消化器官の名まえを答えなさい。

ふつう生態系のなかで「食べる―食べられる」の関係にある生物の個体数の変化は、互いに影響を及ぼしあいながら変化します。図4を見ると、Xの個体数が減少するとYの個体数が減少します。この関係は図6の下の段階の生物の個体数の変化が上の段階の生物の個体数へ影響を与えた結果です。また、Yの個体数が増加すると、Xの個体数が減少します。この関係は、図6の上の段階の生物の個体数が下の段階の生物の個体数に影響を与えた結果です。

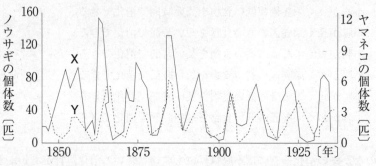

図4　「食べる―食べられる」の関係にある生物の個体数の変動

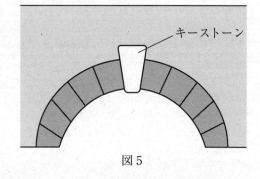

図5

　キーストーンとは石組みの橋を支える脚の部分にある円形に組んだ石の1つのことです。橋は互いの石同士が関係をもって支えあっていますが、要となるこの石がはずれると、お互いの石同士の関係を超え、橋そのものがくずれてしまうのです（図5）。現在、生き物の生態系のなかにも、こうした要となる種類の生物がいるという考えが示され、「キーストーン種」と呼ばれています。

　ジャイアントケルプという巨大な海藻の生態系を例に「キーストーン種」のしくみについて説明します。この生態系には、ラッコ、シャチ、ウニ、ジャイアントケルプの「食べる―食べられる」の関係が見られます。またジャイアントケルプの海藻の森には、この関係以外に小魚や無脊椎動物の住み家として、この生態系全体の集団を作りあげる意味があります。この生態系のなかからキーストーン種の生物が姿を消すと、その生物が食べる生物の増加に歯止めがかからなくなります。そして、生態系にキーストーン種の生物が減少することよりも大きな影響が起こり、もはや食べられる生物の個体数の変化が食べる生物の個体数の変化に影響を与えるような作用は失われ、生態系そのものがくずれてしまうのです。

問4　図4のグラフからヤマネコの個体数の変化を示すものを選び、X、Yの記号で答えなさい。

問5　図6について、以下の問いに答えなさい。

（1）　図6は意味と形から何と呼ばれますか。名まえを答えなさい。

（2）　ジャイアントケルプ、シャチ、ラッコ、ウニは、図6のA～Dのどの段階にあてはまりますか。A～Dの記号で答えなさい。

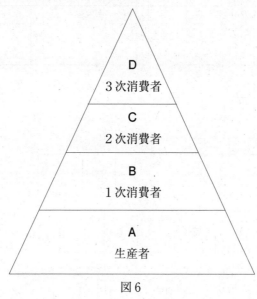

図6

問6　この生態系での「キーストーン種」であるラッコが乱獲されて大幅に減少したときの説明について、文中の(1)、(2)に適する生物をジャイアントケルプ、シャチ、ラッコ、ウニの中から選び、名まえを答えなさい。

　　（1）が爆発的に増加することで（2）が壊滅的な減少を示すので、この場所の生態系がくずれる。

東京農業大学第一高等学校中等部
平成三十年度入学試験（二月一日実施）国語　解答用紙

一
① ア　〜げて
② ケッシツ
③ トウチ
④ ホッキニン
⑤ 知己
⑥ 閉口
⑦ 意気地
⑧ 快〜く

二
問一　A　B　C
問二
問三
問四
問五
問六
問七
問八　ア　イ　ウ　エ　オ

三
問一
問二
問三
問四　A　B　C
問五
問六　Ⅰ　Ⅱ
問七
問八　ア　イ　ウ　エ　オ

平成30年度　入学試験（2月1日実施）算数　解答用紙

東京農業大学第一高等学校中等部

平成30年度　入学試験（2月1日実施）社会・理科　解答用紙

1

問1	あ	い	う	問2	
問3	I	II	問4		問5
問6	X	Y	問7	(1)	(2)

2

問1	位置	都市名	問2		
問3	(1)	(2) A	B		
問4		問5	問6	問7	

3

問1			問2		
問3	あ	い			
問4	(1) g	(2) g	(3) cm³		
問5	(1) cm³	(2) cm³	問6	cm³	

4

問1		問2	記号	名称	
問3	(1)	(2)	(3)	問4	
問5		問6	7月1日	8月1日	

5

問1	℃	問2			
問3	①	②	③	問4 (1)	(2)
問5	(1)(ア)	(イ)			
	(2)				

受験番号　　氏　名　　得　点

東京農業大学第一高等学校中等部

平成30年度　入学試験（2月2日実施）算数　解答用紙

1
(1)	(2)	(3)

2
(1)		(2)
三角形DFG　　cm²	三角形BCE　　cm²	m²

(3)	(4)	(5)
	通り	時速　km

3
(1)	(2)
ℓ	cm³

4
(1)

(2) A : B : C

(3) 　cm

5
(1)	(2)	(3)
		個

受験番号　氏名

得点

東京農業大学第一高等学校中等部

平成30年度　入学試験（2月2日実施）理科　解答用紙

1

問1	(1)	(2)	(3)
問2	(1)図2　　つなぎ　図3　　つなぎ	(2)	(3)
問3	(1)	(2)	(3)	(4)
問4	(1)	(2)	(3) →　　→　　→	(4)

2

問1	① 秒速　　km	② 秒速　　km	問2
問3	秒	問4	秒	問5	秒
問6	秒	問7	km	問8	km

3

問1	m	問2	m	問3	秒速　　m
問4	秒速　　m	問5	m地点	問6	m地点
問7			

4

問1	→　→　→　→	問2	g
問3		
問4	g	問5	問6	性　　色
問7	(1)	(2)	問8	%	問9	%

5

問1	問2	問3	℃
問4	問5	(1) Ⅰ　　　Ⅱ
問5	(2)	問6	(1)	(2)
問7	(1)									
	(2)									

受験番号　　氏名

得点

東京農業大学第一高等学校中等部

東京農業大学第一高等学校中等部
平成三十年度入学試験（二月四日実施）国語　解答用紙

氏名　　　受験番号　　　得点

一
① マイ　② けはい　③ すいこう　④ すもうとり
⑤ 若干　⑥ 溺愛　⑦ 余波　⑧ 委ねる

二
問一　A　B　C　D
問二　Ⅰ　Ⅱ
問三　　問四　　問五
問六　　問七　　問八
問九　ア　イ　ウ　エ　オ
問十

三
問一　A　B　C　D
問二　問三　問四　問五
問六　問七　問八
問九

— 129 —

平成30年度 入学試験（2月4日実施）算数 解答用紙

1 (1) (2)

2 (1) (2) ° (3) cm² (4) 20分の生徒 人 40分の生徒 人 (5)
(6) 1位 2位 3位 4位 5位 6位 番目
(7) A 円 B 円 (8) 分

3 (1) ⇒ (2)

4 (1) 個 (2) 個 (3) cm³

5 (1) (2) (3)

受験番号　氏名　得点

東京農業大学第一高等学校中等部

平成30年度 入学試験（2月4日実施）社会 解答用紙

1

| 問1 | A | 湾 | B | 川 | C | 山脈 | D | 半島 |

| 問2 | | 問3 | | 問4 | |

| 問5 | ア | | イ | |

| 問6 | |

| 問7 | (1) | |
| | (2) | |

2

| 問1 | | 問2 | | 問3 | | 問4 | | 問5 | | と | |

| 問6 | | 問7 | |

| 問8 | | 問9 | | 問10 | | 問11 | | 問12 | |

問13	
問14	
問15	

3

| 問1 | あ | | い | | う | | え | | お | |

| 問2 | | 問3 | (1) | | (2) | |

| 問4 | |
| 問5 | |

| 問6 | プラスの効果 | |
| | マイナスの効果 | |

| 問7 | A | | B | |

問8	(1)	
	(2)	
	(3)	

受験番号　氏名　得点

東京農業大学第一高等学校中等部

平成30年度　入学試験（2月4日実施）理科　解答用紙

1

問1		問2		g
問3 (1)	(2)		問4 (1)	%
		%		
問4 (2)				
問5 (1)	(2)	問6	問7	
g		℃		g

2

問1	問2	→	→	
問3	問4 個	問5		m
問6	問7 個	向き	秒速	m

3

| 問1 | 問2 | 問3 | 問4 時頃 |
| 問5 ① | ② | 問6 g | 問7 m |

4

	ニホンザル		シマウマ		ニホンカモシカ		ライオン		ラッコ	
問1	肢	生活場所	肢	生活場所	肢	生活場所	肢	生活場所	肢	生活場所

問2		問3 (1) I		Ⅲ	
問3 (2)	(3)①		②	
問4	問5 (1)			
問5 (2) ジャイアントケルプ	シャチ	ラッコ	ウニ	
問6 (1)	(2)			

受験番号　氏名

得点

東京農業大学第一高等学校中等部

平成 30 年度
東京農業大学第三高等学校附属中学
入試問題・解答用紙

第一回（1月10日午前）
作成意図 …………………………………………… 134
国語 ………………………………………………… 137
算数 ………………………………………………… 145
社会・理科 ………………………………………… 151

第二回・総合理科入試（1月10日午後）
作成意図 …………………………………………… 169
総合理科（基礎）………………………………… 171
総合理科（応用）………………………………… 180

第三回（1月11日）
作成意図 …………………………………………… 194
国語 ………………………………………………… 197
算数 ………………………………………………… 204
社会 ………………………………………………… 210
理科 ………………………………………………… 224

各科目解答用紙 …………………………………… 230

第1回　入試問題の作成意図

農大三中では、どの教科も以下のような視点のもとで、問題を作成しています。
① 基礎・基本となる知識や考え方が身についていること。
② 基礎・基本となる知識や考え方が使えること、応用できること。
③ 情報や資料などを読み、その内容にもとづいて考えること。

このような視点のもとで作成した問題を通して知りたいことは，<u>学習に対する姿勢</u>と、<u>自分自身の力によって考える</u>ことです。問題文などで示された内容に対して、筋道立てて自分の頭でしっかりと考え、判断できるかどうかを問うものです。

【国語】
1．出題分野について
　① 漢字の読み書き→同音異義語・同訓異義語　　② 慣用句　　③ 説明的文章
2．難易度
　平易に読める説明的文章からの出題である。
3．入試で求める力
　① 文脈を読み取る力　② 読み取った内容を表現する力
　③ 言語を適切に使いこなす力
4．問題文の題材について
　少年、少女向けの科学や社会科学に関する説明的文章で、環境、生物、エネルギーなどの自然科学に関するものが比較的多い。
5．入試問題で何を問うか。
　A．基礎知識の確認
　　　① 漢字の読み書きが正しくできるか。
　　　② 同音異義語・同訓異義語が正しく判別できるか。
　　　③ 語彙が定着しているか。
　　　　・ことわざ、故事成語の知識
　　　　・言葉の係り受けを正しく理解しているか。→定番の言い回しの確認
　B．文章が正しく理解できるか？
　(1) 論理的展開を正確に追う力みる。
　　　① 文章の接続関係を正確に読み取れるか。→接続語の穴埋め問題
　　　② 文章の正しい接続を掴む事ができるか。→本文の空欄補充問題
　　　③ 指示語や代名詞が何を指すかが正確に読み取れるか。
　　　④ 同じ事についての書き換え表現を正しく読み取れるか。

(2) 文章の主題を掴む力をみる。
　　① 説明文の展開をきちんと追えるか。
　　② 説明文で筆者の主張や考えを正しく読み取れるか。
C. 表現力が適切に身に付いているか？
　　① 正しい文字を使って正確に表現できるか。
　　② 指示された通りに書き抜く事ができるか。
　　③ 読み取った内容を自分の言葉になおして表現できるか。

【算数】
1．問題構成・出題形式
　小学校での学習内容を重視し、典型的な問題を幅広い分野から出題します。
　① は分数計算、小数計算、単位計算などの計算問題
　② さまざまな分野の基本的な内容を一行題とした小問集合
　③～⑤ 速さ、グラフ、図形、規則性、濃度、などをテーマとした大問。

2．作題の意図とタイプ
　① 基礎・基本となる学力の定着をみる
　・計算力を問う問題
　・公式の理解や使い方を問う問題
　② 思考力や発想力をみる
　　問題の内容を把握し、その内容に対して考えが組み立てられることを問う。
　　考えた内容を筋道たてて処理することを問う。
　　図形問題では補助線を書き加えたり、数値を書き込んだりして処理することを問う。

【社会】
1．出題範囲
　① 小学校の学習内容をベースに、そこから発展させた内容を範囲としています
　② 地理・歴史・公民分野からバランスよく出題されています

2．作題の意図とタイプ
　① 基本的知識の定着をみる
　　社会の基本的知識を問う問題として、人名・地名・組織名・事件名を問う問題や、地域・国の特徴を問う問題
　② 思考力や考察力をみる
　　「知っているか知らないか」ではなく、地図・グラフ・統計表・絵画など資料を読みとり、考えて解答を導き出す問題

③ 国際的な視野と地歴公民分野の応用力をみる
　　今社会で起こっていることへの関心を問う時事問題については、日本のことだけでなく世界のことも幅広く出題

【理科】
① **問題構成・出題形式**
　　生物・地学・物理・化学の各分野から出題
　　名称や特徴、性質などを問う記号選択形式や語句解答形式の問題
　　図や表、条件文から読み取った情報をもとに考える問題
　　夏休みの理科の体験授業の内容

② **どんな力を見るのか**
　　理科の各分野の基本的知識(知識・法則)の定着
　　文章や表から情報を読み取る力と内容を判断する力
　　知識・法則を使い答えを導き出す力

③ **何が出来てほしいか。**
　　各分野の基本的知識の定着
　　法則を用いて答えを導き出すこと

問三 ――線③「いま私たちの社会のなかで問題になっている科学技術がらみの話は、一つの領域のみに収まらないものがほとんどなんです」とありますが、「一つの領域のみに収まらない」問題とはどのような問題ですか。文章中から十九字で探し、初めと終わりの五字を書き抜きなさい。

問四 空欄 A ～ C に入る適切な語を、それぞれ次から選び、記号で答えなさい。
 ア たとえば　イ すなわち　ウ ところで　エ ところが

問五 ――線④「そういうこと」とはどういうことですか。文章中の言葉を使って答えなさい。

問六 空欄 D ・ E に共通して入る適切な語を、文章中から漢字三字で書き抜きなさい。

問七 ――線⑤「科学技術というものを社会にとってより良い方向へ導くための手がかり」とはどのようなことですか。最もふさわしいものを次の中から選び、記号で答えなさい。
 ア 科学技術をどのように社会に役立てていくかという問題を解決するための深い知識を、中学や高校で身につけるということ
 イ 一つの領域に収まらない複雑な社会問題を解決するための健全な思考力や判断力を、社会人になる前に養うということ
 ウ 社会の成り立ちや科学者の影響力を読み取るために、文系の専門である国語力を中学や高校で養うということ
 エ 重大な社会問題を解決する糸口をつかむためには、専門家の話を正しく理解する力を社会人になる前に養うということ

だしどうせ考えてもムダだとは思わないでほしい。本当の理科教育というものは、指導要領の中に書かれていることだけではけっしてないんです。理科というものは、理科の教科書の中だけにあるものじゃない。たとえば国語の中にも、英語の中にも、理科の問題を考える糸口や大事なポイントはいくらでもある。理科っていうものを、理科の授業の時間、理科の領域の中だけで考えないでほしいんです。それが、⑤科学技術というものを社会にとってより良い方向へ導くための手がかりとなる。

これは社会のなかに生きる人間としての使命だともいえます。理系の人も文系の人も、お互いにそういう良識の上に成り立つ社会であってほしい――それが、私がここで皆さんに向けて用意した最後のメッセージです。

（村上陽一郎『科学の二つの顔』による）

※1 趨勢（すうせい）…物事がある方向へ進んでいこうとする勢い
※2 マンハッタン計画…第二次大戦中のアメリカで、秘密のうちに進められた原子爆弾製造計画
※3 ちょうどいま…本文は二〇一二年のものです
※4 懐疑…物事の意味や価値について、疑いをもつこと
※5 Parent-Teacher Association（ペアレント-ティーチャー アソシエーション）…学校における保護者と教員の社会教育関係団体

問一 ――線①の『三四郎』とは夏目漱石による明治時代の文学作品ですが、その時代の科学とはどのようなものでしたか。「共同体」「現実世界」という言葉を使って、四十字以内で答えなさい。

問二 ――線②「社会での意志決定」とは、何についての意志決定ですか。次の空欄に当てはまる言葉を、文章中から漢字四字で書き抜きなさい。

・□□□□についての意志決定。

B 、裁判員制度を思い浮かべてみてください。いままでの裁判所の中では、検事や弁護士、裁判官といった、司法の資格をもった専門的な人だけが判断することを許された。その人たちだけによってすべての意志決定がなされてきた。

　C 、裁判員制度が導入されることにより、何の資格も持たない普通の生活者が裁判員として裁判に参加することになった。じゃあそこで何が期待されているのか？——それは、常識であり、良識だといってもいい。といっても、皆さんにとってもおなじみのParent-Teacher Association ではなくて、Participatory Technology Assessment の略。いろいろな人たちが、いろいろな知識を持ち寄って、いっしょに参加して問題を決定していきましょう、という考え方のこと。そうした動きが近年、さまざまな場面で生まれてきています。

　さっき挙げたBSEやGMOの問題。特にナノテクノロジーと呼ばれている分野をはじめ、新しい分野であればあるほど、より早く、より多くの人たちが自分たちの知識を持ち寄って、ああでもない、こうでもないと少しずつ議論していかなければならない。いわゆる「熟議」の必要性ですね。少なくともある種の問題については、専門家に任せきりにしていい時代は終わったんです。いろいろな人たちが、いろいろな知恵と常識とを持ち寄り、充分議論を尽くした上で一歩一歩意志決定をしていかなければならない。④そういうことが必要な社会になってきている、ということを、皆さんにはぜひわかっていただければと思います。

　皆さんの中には、理工系の専門家になりたい人もたくさんいらっしゃると思います。そのためには当然ながら、専門的な知識を学ぶ必要があります。それはもちろん、専門家になるためには必要なこと。けれどもそれ以前に、科学の専門家を目指すより先に、まずは普通の社会人として、ある種の健康な判断力というものをぜひ中学や高校で養ってほしい。自分は理工系の勉強だけやっていればいいんだとは思わないでほしい。

　社会というものがどんな姿で成り立っているのか。 E ではない人たちは、どんなふうに感じるのか。そういうことを読み取るだけの力、ごくごく基礎的な、常識に満ちた判断力というものを、理工系に進む人だけでなく、文系に進む人についても同じこと。自分たちは文系の勉強だけやっていればいい、理科なんか苦手だから。まさしくそれこそが、科学にとって最も必要なことだから。

　それは理系に進む人だけでなく、文系に進む人についても同じこと。自分たちは文系の勉強だけやっていればいい、理科なんか苦手

一つは原理的問題です。民主主義社会に属する人間として、私たちはそういう意志決定にまったく関わらないまま専門家だけに任せておいてよいのか。いわば社会のしくみの根幹に関わる問題がまずは指摘できます。

そしてもう一つは、「専門家に任せておいて本当に大丈夫なのか?」という実際的な懐疑です。彼らは本当に正しい判断ができるのか。──だって「専門」というのは、さっき述べた「科」とほぼ同じ意味です。さらに「専」は訓読みすると「もっぱら」。つまり、一つのある特定の領域、それだけをもっぱらやっている人が「専門家」なわけです。ところが、いま私たちの社会のなかで問題になっている科学技術がらみの話は、一つの領域のみに収まらないものがほとんどなんです。

たとえば、映画化もされて話題になった小惑星探査機「はやぶさ」。私たちの知らない宇宙空間を飛び回っていた、あの「はやぶさ」を具体的にどうするのかっていう話だったら、専門家に任せておいてもいい。でも、BSE(狂牛病)の全頭検査が合理的なのかどうなのかという話になると、事情はまったく異なってくる。

全頭検査が正しいか正しくないかということは、単にプリオン(BSEの要因とされる感染性タンパク質)というものの振る舞いがわかっているだけでは判断できない問題です。当然ながら、経済上の問題もたくさん入ってくるし、貿易問題にも波及してくる。プリオンという科学の領域だけでなく、人間の営み全体にまたがる複雑な社会問題です。社会の様々な要素を加味しながら意志決定をしなければならないはずなのに、プリオンの専門家だけに任せておいてBSEの問題が解決するのか? そんなわけありませんよね。

GMOについても同じことです。GMOとは、genetically(遺伝的に) modified(変えられた) organism(有機生物)の略語で、遺伝子組換作物とも呼ばれています。このGMOを農作物として利用するかどうか、たとえば北海道では非常に強い反対がありました。そういう決定は、専門家だけに任せておいていいのかどうか。何度もいうように、専門家というのは、文字どおりその領域しか分からない人たちのこと。そんな人たちに、もっともっと幅広い領域をカバーしているような問題を押しつけてしまっていいのか。

近年、こうした問題のことを、トランスサイエンス(trans-science)という言葉で呼ぶようになってきました。 A 、サイエンスを超えたもの。そういうトランスサイエンス的な問題に対して、サイエンティストの判断だけでは足りないのではないか──そういう考え方が最近になってようやく表れてきたんです。

四 次の文章を読んで、後の問いに答えなさい。なお、字数制限のある問題では、句読点も字数に含めるものとします。

 科学者の研究成果が世界の趨勢を一変させた——この事実は、社会全体に大きなインパクトを与えることになりました。それまでの科学は、科学者共同体、科学者のコミュニティの中だけで閉じられたものであり、外部の人は、「ああ、あの人たちはああいうことをやっているのね、所詮それは私たちに直接関係ないわ」と他人事のように眺めていられた。ところが、ナイロンの開発やマンハッタン計画の成功のあたりから、そういう事態がガラッと変わるわけですね。
 行政や産業というのは、社会にとって決定的に大きな力をもったセクションです。その行政や産業が科学の力を利用することによって、一般の人々の間にも科学が大きな影響を持つようになった。となると、科学が否応なく、社会全体の課題の一つになる。現実世界とまったく関係ない？ とんでもない。『三四郎』が書かれた時代とは異なり、科学は社会ときわめて大きな関係を持つようになりました。さらに、その関係こそが新たな課題となるような事態が生まれてきたわけです。
 実際、日本の政治においても、一九九五年に科学技術基本法という法律が国会で可決されました。簡単にいえば、科学技術を利用して日本の国家を繁栄させていこう、そのための施策を決めていこう、というのがその趣旨です。第一期（一九九六〜二〇〇〇年）は一七兆円の予算でしたが、第二期（二〇〇一〜〇五年）は二四兆円、さらに第三期（二〇〇六〜一〇年）は二五兆円。それぐらいの国家予算を科学技術振興につぎ込むことによって、日本の国家としての繁栄を、科学技術をベースにして進めていこうというものなんです。ちょうどいま、第五期を迎えるところですが、内閣府のホームページできちんと公表されているので、皆さんも一度覗いてみるといい。
 とにかく、医療でも教育でも、福祉でも交通でも通信でも、私たちの生活のあらゆる場面のなかに科学の成果が利用されるようになったんですね。
 ところが、ここである重要な疑問が生じます。それは、「社会での意志決定は誰がすべきか」ということ。
「意志決定？ そんなもの、専門家が最もよくわかっているんだから、この科学技術がらみの話は全部専門家に任せておけばいいじゃないか」——これまでは、おおよそこんな考え方でやってきたといえます。しかしそこには本来、黙って見過ごしてはいけない二つの問題が横たわっている。

問二 ──線②と同じ「ない」が使われているものを次の中から選び、記号で答えなさい。
ア カバンの中に教科書がない
イ 友人の妹はまだおさない
ウ 郵便物が届いていない
エ 腕の力はあまり強くない

問三 ──線③「咲かせました」の主語に当たる文節を、一文節で書き抜きなさい。

問四 ──線④「復興」とありますが、この言葉の構成と同じ語句を次の中から選び、記号で答えなさい。
ア 意志　イ 日没　ウ 着席　エ 新年

問五 ──線⑤「植物を愛する人間という生き物もまた、不思議ですばらしい存在なのです」とありますが、そう言えるのはなぜですか。次の空欄に当てはまる内容を、文章中からそれぞれ書き抜きなさい。

・植物は ▭ わけではないのに、人は ▭ から。

三 次の文章を読んで、後の問いに答えなさい。

① 人は、花を見ると美しいと感じます。

植物がきれいな花を咲かせるのは、昆虫を呼び寄せて花粉を運ばせるためです。けっして、人間のために花を咲かせるわけではありません。昆虫にとって花は、蜜や花粉が餌になりますから、昆虫が花を好むのは当たり前です。しかし、人間の生存にとって、花はどうしても必要なものではありません。人間が花を愛することには、何の合理的な意味もない②のです。

それでも、人は花を愛し、花を見ると癒やされます。本当に不思議です。私たちは、植物から「生きる力」を感じ取り、「生き方」を学ぶことさえできます。

二〇一一年三月。日本は未曽有の災害に襲われました。東日本大震災です。

津波をかぶったサクラの木も、季節になれば美しい花を咲かせました。泥やがれきをかぶったカーネーションが、泥の中から芽吹い③て花を咲かせました。その植物の生命力は、どれほど人を勇気づけたことでしょう。人々がまいた種は、やがて芽吹いて大地を緑で覆いました。その花の明るさに、被災地では、多くの方々が花の種をまきました。人々はまいた種は、やがて芽吹いて大地を緑で覆いました。その花の明るさに、人々は復興の希望を見たのです。

植物は、人々を④勇気づけようと花を咲かせているわけではありません。しかし、人はそんな植物の生きる姿にときに癒やされ、ときに勇気づけられるのです。

植物も不思議で偉大な存在ですが、⑤植物を愛する人間という生き物もまた、不思議ですばらしい存在なのです。

（稲垣栄洋『面白くて眠れなくなる植物学』による）

問一 ──線①「人は、花を見ると美しいと感じます」とありますが、この文はいくつの単語で成り立っていますか。漢数字で答えなさい。

三中　第一回（一月一〇日午前）国語

一　次の各文の――線部のカタカナの語を漢字に直しなさい。

① 図書館にはキチョウな資料がある
② 日本の安全ホショウがおびやかされる
③ 全国各地の学校で避難クンレンが行われた
④ 兄は就職をテンキに、一人暮らしを始めた
⑤ 練習を繰り返して、ジョウタツした
⑥ 自分の部屋のマドギワに観葉植物をかざる
⑦ この街はコウキョウの施設が充実している
⑧ 旅行の日のテンコウが気になる
⑨ 理科の授業でガスバーナーにテンカする
⑩ 野菜を市場にシュッカする

二　次の空欄の数に合う言葉を、全てひらがなで入れて、ことわざを完成させなさい。

① □□に金棒。　…【意味】それを手に入れることによって、強いものがますます強くなること

② □□栗三年、柿八年。　…【意味】何事も成し遂げるまでには相応の年月が必要だというたとえ

③ □□も木から落ちる。　…【意味】その道に長じた人でも、時には失敗することがあるということ

④ 立つ□□跡をにごさず。　…【意味】立ち去る時は、跡を見苦しくないように始末すべきである

⑤ 飼い□□に手を噛（か）まれる。　…【意味】かわいがって面倒をみてきた者に裏切られること

三中　第一回　（1月10日午前）算数

1　次の□にあてはまる数を求めなさい。

(1) $\left(\dfrac{3}{8}+\dfrac{1}{6}\right) \times 1\dfrac{1}{6} \div \left(0.75+\dfrac{1}{3}\right) = \boxed{}$

(2) $3.14 \times 58 + 3.14 \times 20 - 3.14 \times 28 = \boxed{}$

(3) $6900\,\mathrm{mL} - 34\,\mathrm{dL} \times 0.3 - 1.74\,\mathrm{L} = \boxed{}\,\mathrm{mL}$

2 次の各問いに答えなさい。

(1) 2けたの整数Aを9倍して108引くと，百の位が7，一の位が2の整数Bになりました。整数Aはいくつですか。

(2) 右の図のような三角形の土地のまわりに，木を植えます。木と木の間が等しくなるように植えるとき，少なくとも木は何本必要ですか。

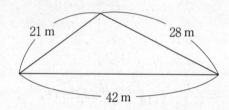

(3) Aさんは所持金の75％で本を8冊買いました。残ったお金に150円加えると，さらにちょうど3冊買うことができます。このとき，本は1冊いくらですか。ただし，本の値段はすべて同じとします。

(4) 〈A〉は，Aのすべての約数の積を表すことにします。

  例えば 〈6〉= 1 × 2 × 3 × 6 = 36

 このとき，次の計算をしなさい。

  $\left\langle \langle 10 \rangle \div \langle 4 \rangle - \dfrac{9}{2} \right\rangle$

(5) 右の図のような長方形の土地があります。あの部分はいの部分より3m高くなっています。あといの土地の高さを同じにしたとき，いの高さは何m高くなりますか。

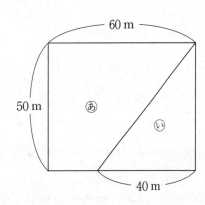

3 下の図のように，直方体の水そうの下の部分が仕切りでA，Bに分れています。この水そうに毎分同じ量の水を満水になるまで入れると，30分かかりました。このとき，Aの部分で測った水面の高さと時間の関係が下のグラフのようになりました。次の各問いに答えなさい。ただし，水そうと仕切りの厚さは考えないものとします。

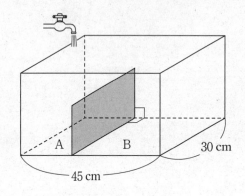
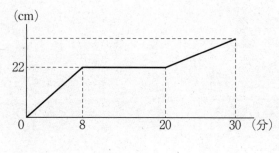

(1) 仕切りの高さは何cmですか。

(2) 仕切りは左から何cmのところにありますか。

(3) 水そうの高さは何cmですか。

(4) 水を入れ始めてから17分後のBの部分の水面の高さは何cmですか。

4 あるお店ではノート1冊250円，消しゴム1個70円，えんぴつ1本40円で売っています。Aさんが1000円持っているとき，次の各問いに答えなさい。ただし，どれも少なくとも1個買うものとします。

(1) ノート，消しゴム，えんぴつの買う個数の比が3:2:1のとき，残ったお金はいくらですか。

(2) えんぴつを12本買うとき，ノートと消しゴムの買い方は全部で何通りありますか。

(3) 消しゴムとえんぴつの買う個数の比が2:5のとき，購入額の合計が最も大きくなるのはいくらですか。

(4) 1000円ちょうどで買える方法は全部で何通りありますか。

5 兄と弟は家と12km離れた公園を往復しました。2人は同時に家を出発し,兄は,行きは時速6km,帰りは時速4kmで歩きました。弟は行きも帰りも同じ速さで歩いたところ,2人の往復にかかった時間は同じでした。次の各問いに答えなさい。

(1) 兄は往復に何時間かかりましたか。

(2) 弟は時速何kmで歩きましたか。

(3) 2人がすれちがうのは出発してから何時間後ですか。
    ただし,帯分数で答えなさい。

(4) 途中まで弟と一緒に同じ速さで歩いていた妹が途中でひきかえし,同じ速さで家に帰ったところ,2人より1時間30分早く家につきました。妹がひきかえしたのは家から何kmの地点ですか。

三中　第一回　（1月10日午前）社会・理科

1　次の図1は、2016年から2017年前半にかけて大統領選挙がおこなわれた4カ国を示したものです。図1を参考にして、後の問いに答えなさい。

【図1】

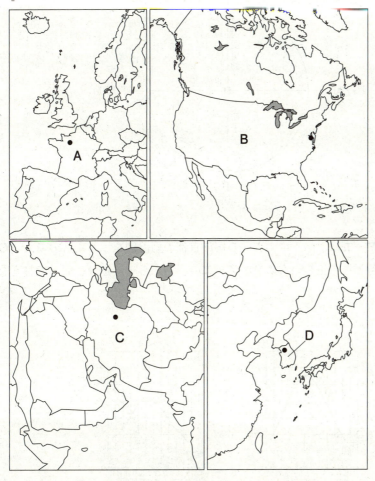

注1：図中の●は、それぞれの国の首都を示しています。

注2：図中のぬりつぶし箇所は、湖を示しています。

注3：各地図の縮尺は、同じではありません。

問1　次のア～エのうちからA国の大統領を選び、記号で答えなさい。

　　ア　エマニュエル＝マクロン　　イ　ハサン＝ロウハーニー
　　ウ　ムン＝ジェイン（文在寅）　エ　バラク＝オバマ

問2 次の図2は、地球を北極点の方向から見た図です。また、図2中の**ア〜エ**は、図1中の**A〜D**国の首都の位置を示したものです。**B**国の首都の位置として正しいものを、**ア〜エ**のうちから1つ選び、記号で答えなさい。

【図2】

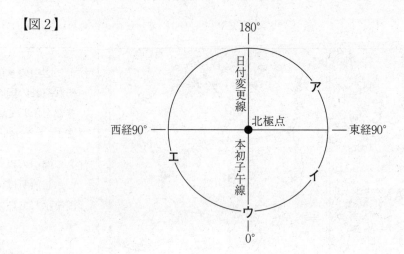

問3 次の図3の**ア〜エ**は、図1中の**A〜D**国の首都の雨温図を示したものです。**C**国の首都の雨温図として正しいものを、**ア〜エ**のうちから1つ選び、記号で答えなさい。

【図3】

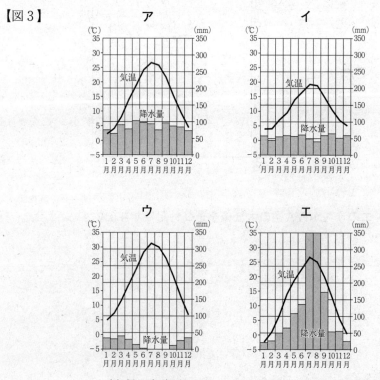

（資料：気象庁のデータおよび2016年版 地理統計要覧より作成）

問4　次の図4のア～エは、図1中のA～D国の最高地点と最低地点、および首都の標高を示したものです。D国の図として正しいものを、ア～エのうちから1つ選び、記号で答えなさい。

（注意：各三角形は、各国の面積とは関係がありません。●は、各国の首都の平均的な標高を示します。）

【図4】

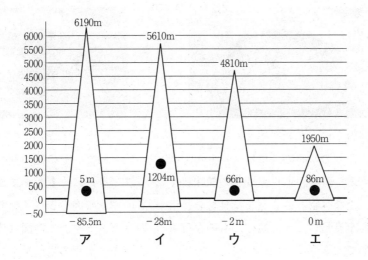

問5　次の図5の①～④は、図1中のA～D国の土地利用の割合および米・小麦の生産量を示したものです。A国とB国の組合せとして正しいものを、ア～エのうちから1つ選び、記号で答えなさい。

【図5】

	耕地 (％)	牧場・牧草地 (％)	森林 (％)	農業従事者1人当たりの農地面積 (ha)	米の生産量 (万t)	小麦の生産量 (万t)
①	16.9	27.4	33.8	169.6	1003	5540
②	10.2	18.1	6.6	7.4	260	865
③	35.3	17.3	30.6	55.1	8.3	3897
④	17.6	0.6	63.6	1.6	563	2.3

（資料：2017年版 地理統計要覧より。米・小麦の生産量は2014年のデータより作成。）

	ア	イ	ウ	エ
A国	②	②	③	③
B国	①	④	①	④

問6　次の図6の①〜④は、図1中のA〜D国の食べ物の特色を示したものです。C国とD国の代表的な料理の組合せとして正しいものを、ア〜エのうちから1つ選び、記号で答えなさい。

【図6】

①サムゲタン	②ブイヤベース

鶏肉の中にもち米や薬ぜんを入れて煮込んだもの。その他には、魚介類や肉、とうふ、野菜、トウガラシの調味料を使ったなべ物。さまざまな食材を、溶いた小麦粉にまぜて焼いたものなども有名です。

魚介類やトマトなどを白ワインで煮込んだスープ。その他の食べ物としては、シタビラメに小麦粉をまぶして焼いたものや、牛肉を赤ワインで煮込んだものも有名です。この国は農業が盛んで、小麦やブドウの生産量も高いです。

③ハンバーガー	④ケバブ

この国は移民の国なので、さまざまな国の料理を食べることができます。その他に、ステーキ、ピザ、ホットドッグなども一般大衆に好まれています。農業生産量も高く、さまざまな国へ輸出しています。

この国は乾燥しているため、農業はあまり得意分野ではありません。このため、乾燥に強い家畜（羊）の飼育、果樹などの栽培が盛んです。米やナン（小麦を発こうさせて焼いたパン）なども食べます。

	ア	イ	ウ	エ
C国	②	②	④	④
D国	①	③	①	③

問7 次の表は、図1中のA～D国の【金額による日本のおもな相手国別、主要輸出入品の割合（％）上位5品目】までを示したものです。A～Cの国と表中の①～③の組合せとして適するものを、下のア～カのうちから1つ選び、記号で答えなさい。

【表】

	D国			①	
	日本の輸出品	日本の輸入品		日本の輸出品	日本の輸入品
1位	一般機械 (18.4)	電気機器 (21.6)	1位	バス・トラック (30.6)	原油 (98.4)
2位	電気機器 (16.7)	石油製品 (13.3)	2位	一般機械 (15.5)	穀物類 (0.9)
3位	鉄鋼 (9.6)	化学薬品 (12.9)	3位	乗用車 (13.8)	果実 (0.3)
4位	有機化合物 (8.2)	一般機械 (11.1)	4位	電気機器 (7.5)	イカ (0.2)
5位	プラスチック (6.6)	鉄鋼 (8.4)	5位	科学光学機器 (5.2)	香辛料類 (0.1)
金額	53,226億円	32,439億円	金額	348億円	3,934億円

	②			③	
	日本の輸出品	日本の輸入品		日本の輸出品	日本の輸入品
1位	一般機械 (27.5)	医薬品 (16.9)	1位	乗用車 (28.1)	電気機器 (14.3)
2位	化学薬品 (12.8)	一般機械 (10.0)	2位	一般機械 (22.2)	一般機械 (14.2)
3位	乗用車 (12.2)	ワイン (8.0)	3位	電気機器 (14.2)	航空機類 (6.9)
4位	電気機器 (12.1)	有機化合物 (7.3)	4位	自動車部品 (5.8)	穀物・同調製品 (5.9)
5位	自動車部品 (4.6)	航空機類 (6.1)	5位	航空機類 (3.5)	医薬品 (5.5)
金額	6,345億円	11,471億円	金額	152,246億円	80,598億円

（資料：2017年版　地理統計要覧より）

	ア	イ	ウ	エ	オ	カ
A国	①	①	②	②	③	③
B国	②	③	①	③	①	②
C国	③	②	③	①	②	①

— 155 —

2　次の文章は、農大三中の太郎君と花子さんが、「法律と制度」というテーマで自由研究を行った時の会話です。後の問いに答えなさい。

太郎：今回のテーマは「法律と制度」だけど、むずかしそうな内容だよね。僕、そもそも「憲法」と「法律」の違いもわからないよ。

花子：あら、太郎君。それは先日、先生が授業中に説明してくれたわよ。たしか、「憲法」は「その国のあり方」をまとめたもので、「法律」は「国民が守るべき決まり事」だったわ。だから、法律は憲法の内容にそって作らなければならないの。

太郎：今の僕たちは、①約70年前の憲法にそって作られた法律の下で生活しているって事だね。

花子：でも、勘違いしないでね。法律は時代とともに内容を加えたり、直したりしているの。だから、70年前の法律を使っているわけではないのよ。

太郎：そっか。勘違いしそうだったよ。法律は　　Ａ　　機関である②国会が制定していると習ったばかりだったのに。そういえば、憲法や法律はいつからあったのかな。

花子：中国の古い歴史書の中に、弥生時代の様子について書いてある部分があるの。③女王がおさめるその国には、刑罰の規定や、身分の違いなど細かい決まり事があったそうよ。

太郎：弥生時代には、もう法律があったのか。僕、憲法の最初は知っているよ。④厩戸皇子が作った十七条の憲法だよね。

花子：やっぱり。絶対に間違えると思ったのよ。あれは、役人の心がまえを示したものだから、憲法とは違うの。

太郎：そうだったのか。そうすると、本格的に法律にもとづいた政治が行われるようになったのは、藤原不比等が中心となって701年に　　Ｂ　　を定めてからなのかな。

花子：そう。政治組織や税、刑罰などを定めて、天皇中心の国づくりを進めたのよ。

太郎：たしか平安時代中期以降、武士達が活躍するようになったことで、⑤武士社会で使われる法が登場したよね。

花子：その通り。⑥約700年間、武士が政治を行っていたことが関係しているわね。

太郎：約700年も続いていたのか。長いな。だから天皇に政権が戻った明治の初めは、⑦新たに政治や社会の改革をする必要があったのか。

花子：そうね。この時に決まったことが、現代の「法律と制度」の基礎になっているのね。

問1　文中の空欄　A　・　B　に入る最も適当な語句を答えなさい。

問2　文中の下線部①の憲法と、その憲法に関する説明文の組合せとして正しいものを、次のア～エのうちから1つ選び、記号で答えなさい。

> Ⅰ　大日本帝国憲法　　Ⅱ　日本国憲法

> Ⅲ　GHQの指導のもと日本の民主化を実現するため、国民主権の憲法を作成しました。
> Ⅳ　伊藤博文のもと君主権が強いドイツの憲法を手本に、天皇主権の憲法を作成しました。

　　ア　Ⅰ・Ⅲ　　イ　Ⅰ・Ⅳ　　ウ　Ⅱ・Ⅲ　　エ　Ⅱ・Ⅳ

問3　文中の下線部②に関連して、次の写真は国会の様子を撮影したものです。写真が撮られた年に最も近いものを、次のア～エのうちから1つ選び、記号で答えなさい。

　　ア　1890年　　イ　1902年　　ウ　1928年　　エ　1946年

問4　文中の下線部③の国名を、**漢字4字**で答えなさい。

問5　文中の下線部④の人物に関する説明文として誤っているものを、次のア～エのうちから1つ選び、記号で答えなさい。

　　ア　身分に関係なく、能力のある人物を役人に取り立てようとしました。
　　イ　すぐれた制度や文化を政治に取り入れるため、唐に小野妹子を送りました。
　　ウ　法隆寺のように、古墳に代わって寺院が建てられるようになりました。
　　エ　蘇我馬子と協力し、推古天皇を中心とした政治を目指しました。

問6　文中の下線部⑤に関連して、次の各問いに答えなさい。

(1)　次の武家法を時代の古い順に並べなさい

　　ア　分国法　　イ　御成敗式目　　ウ　武家諸法度

(2)　徳川吉宗が享保の改革の1つとして、裁判の公正をはかるための基準をしめしました。この基準を何といいますか。

問7　文中の下線部⑥のような武士の世の中は、江戸幕府15代将軍徳川慶喜が朝廷に政権を返したことで終わりました。このできごとを何といいますか。

問8　文中の下線部⑦に関連して、次の各問いに答えなさい。

(1)　明治の政治改革の内容として誤っているものを次のア～エのうちから1つ選び、記号で答えなさい。

　　ア　江戸時代の士農工商という身分制度を廃止し、四民平等にしました。
　　イ　徴兵令を定め、20歳以上の男女に兵役の義務を課しました。
　　ウ　地租改正を行い、土地の価格にあわせて地租をお金で納めさせました。
　　エ　学制を定め、6歳以上の男女に教育を受けさせました。

(2) 次の絵は当時の社会の様子を表しています。この絵の説明として誤っているものを次のア〜エのうちから1つ選び、記号で答えなさい。

ア 新橋・高崎間で蒸気機関車が走りました。
イ 大通りにはガス灯が設置されました。
ウ 新しい髪型や洋装が流行りました。
エ 道路をレンガで舗装するなどの整備が行われました。

3　2017年7月までの「時事問題」をまとめた次の表を参考に、後の問いに答えなさい。

1月	アメリカ大統領に共和党の　A　が就任
2月	①プレミアムフライデー始まる
4月	②北朝鮮が弾道ミサイルを発射
5月	昨年の伊勢志摩につづき、イタリアのタオルミーナで　B　開催
6月	アメリカが③パリ協定からの離脱を発表
6月	④天皇の退位特例法の成立
7月	⑤東京都議会選挙の実施
7月	「神宿る島」宗像・　C　と関連遺産群が⑥世界遺産に登録

問1　文中の　A　～　C　に入る最も適当な語句を答えなさい。

問2　文中の下線部①の説明として正しいものを、次のア～エのうちから1つ選び、記号で答えなさい。

　　ア　毎週金曜日は、会社も学校も休みにすることを呼びかけました。
　　イ　月末の金曜日は、がんばって夜遅くまで働くことを呼びかけました。
　　ウ　毎週金曜日は、オリンピックに向けて運動をするように呼びかけました。
　　エ　月末の金曜日は、早い時間に仕事を終えるように呼びかけました。

問3　文中の下線部②の国が国境を接している国を、次のア～エのうちから2つ選び、記号で答えなさい。

　　ア　アメリカ　　イ　中国　　ウ　日本　　エ　ロシア

問4　文中の下線部③に関連して、パリ協定は、地球温暖化を防ぐために結ばれた国際的な協定です。現在、世界で最も多く温室効果ガスを出している国を、次のア～エのうちから1つ選び、記号で答えなさい。

　　ア　アメリカ　　イ　中国　　ウ　日本　　エ　ロシア

問5　文中の下線部④の成立によって、新しい元号を選ぶ作業が始まります。元号の順番として正しいものを、次のア～エのうちから1つ選び、記号で答えなさい。

　　ア　明治 → 大正 → 昭和 → 平成
　　イ　明治 → 昭和 → 大正 → 平成
　　ウ　大正 → 明治 → 昭和 → 平成
　　エ　昭和 → 大正 → 明治 → 平成

問6　文中の下線部⑤に関連して、この選挙が行われる前まで、最も多くの議席を持っていた政党の名前として正しいものを、次のア～エのうちから1つ選び、記号で答えなさい。

　　ア　民進党　　　　イ　日本共産党
　　ウ　自由民主党　　エ　都民ファーストの会

問7　文中の下線部⑥に関連して、日本の世界遺産についての説明として誤っているものを、次のア～エのうちから1つ選び、記号で答えなさい。

　　ア　広島県の原爆ドームは、日本唯一の「負の世界遺産」とされています。
　　イ　岩手県の知床は、「自然遺産」に登録されています。
　　ウ　東京都の小笠原諸島は、「自然遺産」に登録されています。
　　エ　兵庫県の姫路城は、日本最初の世界遺産のひとつです。

4 色々な水よう液について次の問いに答えなさい。

問1 ア〜カの水よう液について、次の問いに答えなさい。

| ア 水酸化ナトリウム水よう液 | イ 塩酸 | ウ 石灰水 |
| エ アンモニア水 | オ 炭酸水 | カ 食塩水 |

① アルカリ性の水よう液をア〜カから3つ選び、記号で答えなさい。

② においの強い気体がとけている水よう液をア〜カから2つ選び、記号で答えなさい。

③ 加熱して水をすべて蒸発させた後に白い物質が残るもののうち、中性の水よう液をア〜カから選び、記号で答えなさい。

④ 炭酸水の入っているびんのふたをとると、出てくる気体は何ですか。

⑤ ④の気体を石灰水に通すと、どうなりますか。

問2　アルミニウム1.0gを塩酸にとかす実験をしました。加える塩酸の量を変えたとき、発生した気体の体積は下の表のようになりました。後の問いに答えなさい。

塩酸の体積（cm³）	5	10	15	20
発生した気体の体積（cm³）	100	200	300	350

表

① アルミニウムを塩酸にとかしたとき、発生する気体は何ですか。名称を答えなさい。

② ①の気体に当てはまる性質を**ア～オ**からすべて選び、記号で答えなさい。
　　ア　空気より重い　　　**イ**　マッチの火を近づけると音を出して燃える
　　ウ　黄緑色　　　　　　**エ**　水にとけにくい　　　　**オ**　酸性

③ この実験で発生した気体の体積と、塩酸の体積の関係をグラフで表しなさい。塩酸の体積0～30cm³の範囲で書きなさい。

④ アルミニウム5.0gをすべてとかすには、この塩酸が何cm³必要ですか。

⑤ アルミニウム2.0gにこの塩酸を20cm³加えたときに発生する気体は何cm³ですか。

5 A問題

次の図は、ヒトの肺のつくりを示しています。後の問いに答えなさい。

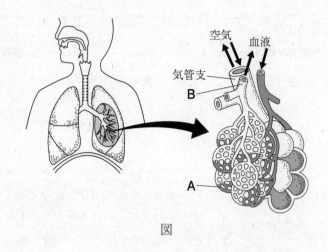

図

問1 肺にある球状の小さな袋（図中A）を何といいますか。

問2 Aのまわりを取り巻いているのは何といいますか。ことばで答えなさい。

問3 AからBに主に取り込まれるのは空気中の何ですか。ことばで答えなさい。

問4 BからAに主に放出される気体は何ですか。ことばで答えなさい。

問5 Aがたくさんあることで、空気とふれる肺の何が大きくなりますか。

問6 息を吸っているとき、ろっ骨と横隔膜はどのようになっていますか。ア～エから選び、記号で答えなさい。
　　ア　ろっ骨は下がり、横隔膜は上がる。
　　イ　ろっ骨は下がり、横隔膜も下がる。
　　ウ　ろっ骨は上がり、横隔膜も上がる。
　　エ　ろっ骨は上がり、横隔膜は下がる。

問7 酸素は、ヘモグロビンと結びついて血液によって体のすみずみまで運ばれます。このヘモグロビンは酸素の割合が高く、二酸化炭素の割合が少ないとたくさんの酸素と結びつきやすくなります。下のグラフは、二酸化炭素の割合が一定のときヘモグロビンと酸素の結合のようすを、4種類の生物ア～エについて示したものです。アンデス高地など標高の高いところで最も効率よくヘモグロビンが酸素と結びつきやすいのは、どの生物ですか。ア～エから選び、記号で答えなさい。

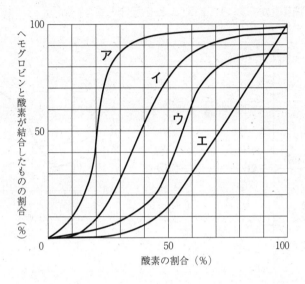

B問題
　風は、冷たい場所からあたたかい場所に向かってふきます。次のグラフ1は、ある晴れた日の海岸近くで、風向（風がふいてくる方角）と風速（風が1秒間に進むきょり）について調べてまとめたものです。また、グラフ2はグラフ1を調べたのと同じ場所で、同じ時刻に調べた陸上と海上の空気の温度の変化を示しています。グラフをもとに、後の問いに答えなさい。なお、グラフ1において、❶は1時に、風速1.8m/秒の風が南西からふいていたことを意味しています。

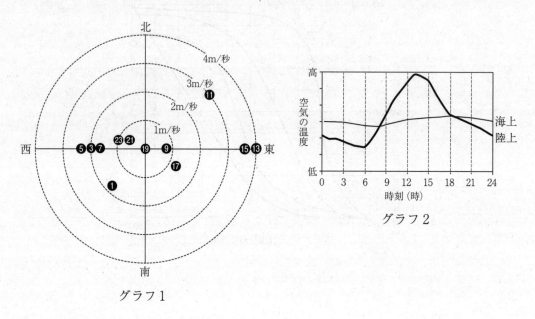

グラフ1

グラフ2

問1　グラフ1で、3時のようすについて答えなさい。

① 3時の風向を4方位で答えなさい。

② 3時の風速は何m/秒ですか。

問2　グラフ1で、もっとも強い風がふいていた時刻を答えなさい。

問3　グラフ2で、陸上と海上の空気の温度差がもっとも大きい時刻を、次のア～エから選び、記号で答えなさい。
　　　ア　9時　　　イ　11時　　　ウ　13時　　　エ　15時

問4　グラフ1とグラフ2からいえることとして正しいものを、次の**ア～カ**からすべて選び、記号で答えなさい。

　　ア　陸上の空気の温度と、海上の空気の温度のちがいが大きいときほど、強い風がふく。
　　イ　陸上の空気の温度と、海上の空気の温度のちがいが小さいときほど、強い風がふく。
　　ウ　海上の空気の温度よりも陸上の空気の温度のほうが高いとき、東から風がふく。
　　エ　陸上の空気の温度よりも海上の空気の温度のほうが高いとき、東から風がふく。
　　オ　陸上の空気の温度が海上の空気の温度よりも高いとき、強い風がふく。
　　カ　陸上の空気の温度が海上の空気の温度よりも低いとき、強い風がふく。

問5　この日の15時のようすについて答えなさい。

①　このとき、陸上と海上の空気の温度を比べると、どのようになっていますか。次の**ア～ウ**から選び、記号で答えなさい。
　　ア　陸上のほうが高くなっている
　　イ　海上のほうが高くなっている
　　ウ　同じになっている

②　このとき、風のふき方はどのようになっていますか。次の**ア～ウ**から選び、記号で答えなさい。
　　ア　陸から海に向かってふいている
　　イ　海から陸に向かってふいている
　　ウ　風はふいていない

問6　風のふき方について調べた場所から見て、海はどの方角にありますか。4方位で答えなさい。

C問題

光の性質について、後の問いに答えなさい。

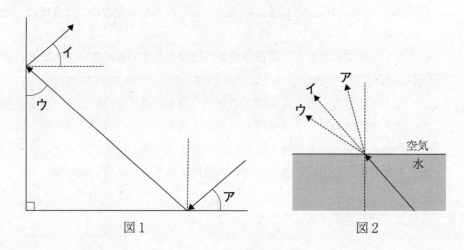

図1　　　　　　　図2

問1　図1のように鏡に光が反射をして進みました。**ア**の角度が35度のとき、**イ**と**ウ**の角度はそれぞれ何度ですか。ただし、図の点線は鏡の面に対して垂直であるとします。

問2　図1において**ア**の角度を35度から5度大きくすると、**イ**と**ウ**の角度の合計は何度になりますか。

問3　図2のように水中から空気中へ出る光はどのように進みますか。図2の**ア〜ウ**から選び、記号で答えなさい。

問4　図3のようにガラスに光を当てました。このときの光の進み方として正しいものを、図3の**ア〜エ**から選び、記号で答えなさい。

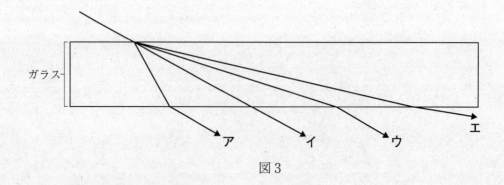

図3

第2回 入試問題の作成意図

総合理科の入試について

<u>理科を通して4教科の学力を判断するのが『総合理科入試』です。</u>
　総合理科の問題を通して受験生に求めるものは、理科を学ぶ上で<u>基礎、基本となる知識</u>と、<u>自ら学び、自ら試行錯誤し、自ら調査分析し、自ら考える姿勢から身につく能力</u>です。このような能力とは、どの教科にも共通したものであって大学入試においても広く求められているだけでなく、社会人にとってはもっとも重要とされる能力です。
　農大三中は『総合理科入試』を行うにあたり、上記の能力を求めるために下記のような視点から問題を作成しています。こうすることで、理科の問題を通してですが、受験生が各教科で身につけた能力を十分に発揮できる問題になっていると判断しています。

〔学習に対する姿勢の確かさ〕
　1．学習内容の定着
　　① 学んだ内容の定着をみる
　　　名称、特徴、性質などを問う。

　　② 個々の学習情報の関連づけと、知識の確かさをみる
　　　特徴や性質をもとに整理・分類されて関連づけられた知識が身についているかを問う。

　　③ 定理・法則の理解度をみる
　　　○ 定理・法則が理解できているかを問うもので、法則にあてはめて考えることや、理に適った計算ができることを求める。
　　　○ 身の回りの現象を、基本的な原理・法則に当てはめて対応できるかを問う。

〔自ら学び、考える姿勢から身につく能力〕
　2．読み取る力と、判断する力
　　① 資料・条件文の意味・内容，グラフ・表の関係を把握する力をみる

　　② 資料などの情報を読んで、その内容を判断したり、発展させて考えたりする力をみる
　　　このとき、必要な情報と不要な情報の取捨選択が行えるかが重要になる。

③ グラフや表、条件文などから規則性を読み取る力と、その内容をもとに作業・思考する力をみる

3．答えまでの道筋をつくる力
　答えまでの道筋をつくるとは、設問内容を把握して、その内容をもとに自分自身で考えを組み立て、考えた結果を表現することです。

① 定理・法則など、学習した内容を場面に応じて的確に活用できる力をみる
　学習した内容を設問の意図に応じて論理的に対応できるかを問う。

② 筋道立てて論理的に対処する力をみる
　読み取った内容に対して論理性をもって説明したり計算したりできるかを問う。
　事実（結果）をもとに、原因の究明や考察が行えるかを問う。

4．試験は基礎と応用の二本立て
【基礎】試験時間 25分
　上記1〔学習に対する姿勢の確かさ（学習内容の定着）〕をみる問題を中心にした組み立てになります。基礎基本となる知識、定理法則を身につけていたり、身につけた内容を使ったりできる力を求めるものです。

【応用】試験時間 40分
　上記2，3〔自ら学び考える姿勢から身につく能力〕をみるための問題を中心にした組み立てになります。読み取る力や判断する力、答えまでの道筋をつくる力を求めるものです。

三中　第二回　（1月10日午後）総合理科（基礎）

1　自然の中で生きている多くの生き物が群れをつくり生活していますが、小屋で飼育されているニワトリも群れをつくります。また、ニワトリはつつき合いによって群れの中での強さの順位を決めており、つつくニワトリの方がつつかれるニワトリよりも強い立場にあります。

　あるとき、①〜⑦の7羽(わ)のニワトリからできている群れの中で、つつき合いが見られました。そこで、7羽のニワトリについて、つつくものとつつかれるものの関係を調べたところ、図1〜9の関係があることがわかりました。①→②の場合、①のニワトリが②のニワトリをつつき、②のニワトリは①のニワトリをつつかないことを表しています。後の問いに答えなさい。

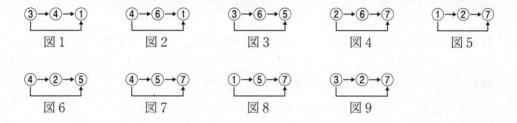

問1　群れのなかで生活する生き物の利点としてふさわしいものを、次の**ア〜カ**からすべて選び、記号で答えなさい。
　　ア　敵に発見されやすい
　　イ　敵の攻撃(こうげき)から逃(のが)れやすい
　　ウ　食べ物を見つけやすい
　　エ　食べ物をめぐる競争が激しい
　　オ　交尾(こうび)する相手を見つけやすい
　　カ　病気にかかりやすい

問2　図1から考えて、①、③、④のニワトリのつつくものとつつかれるものの関係はどのようになっていますか。正しいものを次の**ア〜カ**の中からすべて選び、記号で答えなさい。
　　ア　①のニワトリは、③と④のニワトリからつつかれる。
　　イ　①のニワトリは、④のニワトリからつつかれ、③のニワトリをつつく。
　　ウ　③のニワトリは、①のニワトリからつつかれ、④のニワトリをつつく。
　　エ　③のニワトリは、①と④のニワトリをつつく。
　　オ　④のニワトリは、③のニワトリからつつかれ、①のニワトリをつつく。
　　カ　④のニワトリは、①のニワトリからつつかれ、③のニワトリをつつく。

問3　①～⑦のニワトリの行動の説明として正しいものを、次の**ア～カ**から2つ選び、記号で答えなさい。
　　ア　②のニワトリが、①のニワトリをつつく。
　　イ　⑤のニワトリが、⑦のニワトリをつつく。
　　ウ　⑥のニワトリが、③のニワトリをつつく。
　　エ　⑥のニワトリが、⑦のニワトリにつつかれる。
　　オ　④のニワトリが、②のニワトリにつつかれる。
　　カ　①のニワトリが、④のニワトリにつつかれる。

問4　①～⑦のニワトリのうち、他のニワトリをつつかないのはどれですか。番号で答えなさい。

問5　①～⑦のニワトリのうち、2番目に強いニワトリはどれですか。番号で答えなさい。

問6　①～⑦のニワトリの強さの順位が分かるような模式図を作ることにしました。右の図の模式図で、破線の円は三すくみの関係を表しています。破線の中の三つの円に入る番号として正しいものを、①～⑦の中からそれぞれ答えなさい。なお、①→②は、①のニワトリが②のニワトリよりも強さの順位が上位であることを表しています。

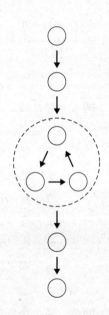

2 図1のように天井に糸をかけ振り子を用意し、アの位置からおもりをはなして、振り子の周期について実験を行いました。おもりの重さ、糸の長さを変えながら周期を測定したところ表1のようになりました。おもりの大きさや糸の重さ、空気の抵抗力は考えないものとします。表の値をもとに後の問いに答えなさい。

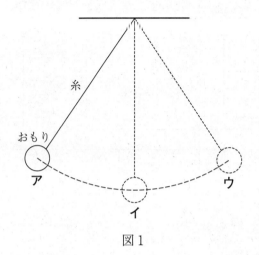

	おもりの重さ[g]	糸の長さ[cm]	周期[秒]
①	100	10	1
②	100	あ	2
③	200	40	2
④	200	90	い
⑤	200	160	4
⑥	300	160	4
⑦	200	う	6

図1　　　　　　　　　　表1

問1　表1の**あ**、**い**、**う**に入る数字はいくつですか。

問2　重さ300gのおもりを使って振り子運動をさせたとき、周期を3秒にするには糸の長さを何cmにすればよいですか。

問3　重さ100gのおもりを160cmの長さの糸につけて振り子運動をさせました。**ア**から初めて**イ**を通過するのにかかる時間と、**ア**から2回目に**イ**を通過するのにかかる時間は何秒ですか。

問4　重さ200gのおもりの振り子の周期を10秒にするためには、糸の長さを何cmにすればよいですか。

問5　**ア**の位置から①、③、⑤の振り子運動を同時に始めさせました。①が1往復してきたときに、③、⑤のおもりの位置はどこですか。図1の**ア**〜**ウ**の中から選び、記号で答えなさい。

図2のように振り子を7つ用意しました。おもりの重さ、大きさ、形はそれぞれ違いますが、糸の長さは全ての振り子で同じです。このとき、⑧と⑨の振り子の周期は、3秒でした。おもりの中にある点は、重心の位置を示しています。

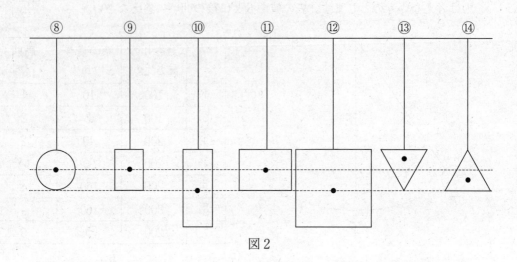

図2

問6 振り子運動させたときに⑧と⑨と同じ周期になる振り子はどれですか。⑩〜⑭からすべて選び、番号で答えなさい。

問7 ⑩の振り子の周期は4秒でした。振り子の周期が2.5秒、3.5秒になる振り子はどれですか。⑧〜⑭から選び、番号で答えなさい。

3 太陽の周りをまわっている地球や金星などを惑星と言い、太陽に近いものから、水星、金星、地球、火星、木星、土星、天王星、海王星があります。そして、これらの惑星は一定の周期で決まった通り道をまわっていて、この動きを公転といい、一周するのにかかる時間を公転周期と言います。図1は、各惑星の公転軌道を表したもので、どの惑星もほぼ同じ平面上を同じ向きに公転しています。

また、表1は各惑星の特ちょうの一部を示したものです。図や表をもとに次の問いに答えなさい。

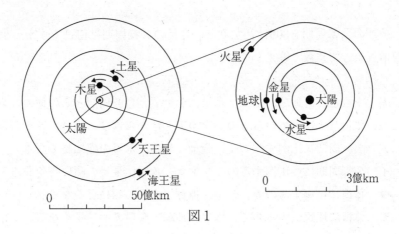

図1

	直径 （地球＝1）	体積 （地球＝1）	質量 （地球＝1）	平均密度 （g/cm³）	公転周期 （年）	自転周期 （日）
水　星	0.3825	0.056	0.0553	5.43	0.241	58.6462
金　星	0.9488	0.857	0.8150	5.24	0.615	243.0185
地　球	1.0000	1.000	1.0000	5.51	1.000	0.9973
火　星	0.5325	0.151	0.1074	3.93	1.881	1.0260
木　星	11.2090	1321	317.83	1.33	11.862	0.4135
土　星	9.4492	764	95.16	0.69	29.457	0.4440
天王星	4.0073	63	14.54	1.27	84.021	0.7183
海王星	3.8827	58	17.15	1.64	164.770	0.6712

表1

問1　体積がもっとも大きい惑星の名まえを漢字で答えなさい。

問2　直径が小さい順にならべたとき、3番目に小さい惑星は何ですか。その名まえを漢字で答えなさい。

問3　地球の直径を12,756 kmとすると、水星の直径は何kmですか。小数第一位を四捨五入して整数で答えなさい。

問4　地球の公転周期を365日とすると、金星の公転周期は何日ですか。小数第一位を四捨五入して整数で答えなさい。

問5　表1をもとに、地球、金星、木星において、自転周期とその他の特ちょうの関係について正しく述べているものを次の**ア〜オ**から選び、記号で答えなさい。
　　ア　公転周期に比例するので、金星、地球、木星の順に長くなる。
　　イ　公転周期に反比例するので、木星、地球、金星の順に長くなる。
　　ウ　体積に比例するので、金星、地球、木星の順に長くなる。
　　エ　体積に反比例するので、木星、地球、金星の順に長くなる。
　　オ　この表1に示された内容のみでは、自転周期とその他の特ちょうの関係は分からない。

問6　太陽系の惑星は、質量と密度の違いから地球型惑星と木星型惑星に分けることができ、火星は地球型惑星で、海王星は木星型惑星になります。地球、火星以外の地球型惑星をすべて選び、その名まえを漢字で答えなさい。

問7 図2は地球、金星、木星の公転軌道を模式的に表したもので、図では地球が**E**の位置にあり、金星、木星の位置を**ア～シ**で示しています。

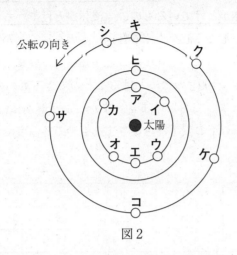

図2

(1) **E**に地球があるとき、一晩中見ることができるのは**ア～シ**のどの位置にある惑星ですか。

(2) ある時に、金星、地球、木星がそれぞれ**ア**、**E**、**キ**の位置に並んでいました。1年たって地球が再び**E**の位置に戻ってきたとき、金星と木星はそれぞれどの位置にありますか。もっとも適したものを**ア～シ**から選び、記号で答えなさい。

4 以下の文章を読み、後の問いに答えなさい。

ものを水にとかしてできた液を①水よう液といい、様々な特ちょうが知られています。水よう液には②固体がとけているもの、③液体がとけているもの、④気体がとけているものがあります。水よう液をつくるとき、ものを早くとかす方法として、かき混ぜたり、ものを細かいつぶにしたりすることが知られていますが、ものが水にとける量には限度があります。100gの水にとけることのできるものの限度の量をよう解度といい、ものの種類によってちがいます。また、よう解度は温度の影響を受けることも知られています。以下の表1はさまざまなものの各温度でのよう解度を示したものです。

温度（℃）	0	20	40	60	80	100
砂糖（g）	179	204	238	287	362	485
ホウ酸（g）	2.8	4.9	8.9	14.9	23.5	38

表1　水100gにとけることのできるものの量

問1　下線部①の水よう液の特ちょうとして**まちがっているもの**を次のア～エから選び、記号で答えなさい。
　　ア　とう明でにごっていない
　　イ　色はついていない
　　ウ　ろ紙でこしとることはできない
　　エ　濃度が均一である

問2　下線部②、③、④について代表的な水よう液を次のア～カからすべて選び、記号で答えなさい。
　　ア　アルコール水　　イ　さく酸水　　ウ　炭酸水　　エ　牛乳
　　オ　食塩水　　　　　カ　水酸化ナトリウム水よう液

問3　表1より20℃の水100gに167gの砂糖がとけているとき、あと何gとかすことができますか。

問4　以下の表2は60℃の水にとける各ものの量（g）を表しています。空らん（　あ　）～（　う　）に当てはまる数字を答えなさい。

水の重さ（g）	100	200	300
砂糖（g）	287	574	861
ホウ酸（g）	（　あ　）	（　い　）	（　う　）

表2　60℃の水にとける各ものの量

問5　表1より60℃の水300gに167gの砂糖がとけているとき、あと何gとかすことができますか。

問6　80℃の水100gに23.4gのホウ酸をとかしたあと、40℃まで温度を下げると、とけきれずに出てくるホウ酸は何gですか。

三中 第二回 （1月10日午後） 総合理科（応用）

1 みなさんはハチという昆虫にどのようなイメージを持っていますか？「危険」「こわい」「かわいい」など様々かと思います。

ハチの仲間は、世界で12万種類以上いるといわれています。その中には、他の昆虫を襲い食べるスズメバチや幼虫の時期は植物の葉を、成虫の時期は他の昆虫を食べるハバチ、植物に寄生して中に卵を産みつける寄生バチなど人間から害虫と呼ばれるものがいます。一方で、古くから人間に重宝され、人間の生活に密接に関わってきたハチもいます。その代表的な例がセイヨウミツバチ（以下ミツバチ）です。

ミツバチはろうや樹脂、ハチミツなどの人間に役立つものを生み出してくれます。ハチミツは、巣のなかで花の蜜（花蜜）から水分を取り除くことで作られており、この作業は働きバチとよばれるハチが行っています。ミツバチは、ひとつの巣を住居として集団で生活しており、1匹の女王バチ、数万匹の働きバチ、数百匹の雄バチがそれぞれ役割をもっています。働きバチの寿命は30日ですが、巣の外へ花蜜を採りにいく役目を負っているのは生後23日以降の働きバチです。ハチミツはミツバチの主食になっているので、巣のなかの数万匹のミツバチの食料をまかなうために、働きバチはたくさんの花蜜を採取しなければなりません。1匹の働きバチは1回に40mg（1mgは1/1000gです）の花蜜を採ることができ、1日に10回の採取を行います。

問1 害虫と呼ばれるのにふさわしくない行動を、次の**ア〜エ**から選び、記号で答えなさい。
　　ア　農作物の葉を食べる
　　イ　農作物の汁を吸う
　　ウ　農作物についた虫を食べる
　　エ　農作物の根を食べる

問2 右の図は、ミツバチの頭部、胸部、腹部を表しています。この図に、足を適切な位置に書き入れなさい。

問3 働きバチの平均体重は60mgだといわれています。1匹の働きバチが1回の採取で得られる花蜜の量は、自身の体重の何倍ですか。小数第2位を四捨五入して、小数第1位まで答えなさい。

問4 1匹の働きバチは、一生のうちで何gのハチミツをつくることができますか。ただし、1gの花蜜から0.5gのハチミツをつくることができます。

花蜜を集めることは決して簡単なことではありません。なぜなら、蜜をたくさん蓄えた花はつねに存在するわけでも、無制限にあるわけでもないですし、花をめぐって他の昆虫とも競争しなければならないからです。では、どのような方法で働きバチは効率よくたくさんの花蜜を集めているのでしょうか？

　今から60年ほど前、オーストリアの昆虫学者　カール・フォン・フリッシュ博士は、1匹のミツバチが新しい花を発見すると、短時間のうちに、そのミツバチの巣から他のたくさんのミツバチがその花にやってくる光景を目撃しました。博士は、ミツバチが巣に帰り、この発見を他のミツバチに教えているのではないかと考え、その仕組みを明らかにするために実験を始めました。まず、花を発見したミツバチが巣でどのような行動をするのかを見るために、巣板を地面に垂直に一列に並べた透明の巣箱を準備し（図1）、個々のミツバチを見分けるためにミツバチに5種類の異なるしるしを付けました。

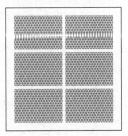

図1

　しるしのルールを次に示します。

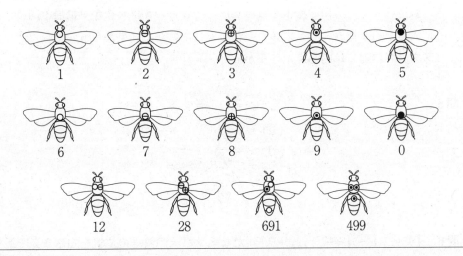

・胸の前部に付けた単なる丸は数字の1、横棒のある丸は2、十字のある丸は3、点を打った丸は4、黒い丸は5を示す。
・胸の後部に付けた単なる丸は数字の6、横棒のある丸は7、十字のある丸は8、点を打った丸は9、黒い丸は0を示す。
・二桁の数を表すときは、胸の右側を一の位、左側を十の位とする。
・百の位を示すしるしは腹部につけることとし、数字の1～5と6～0の見分け方は、胸部と同じとする。

次に、博士はこれらの巣箱とミツバチを使って、【実験1】～【実験3】を行いました。

【実験1】

巣箱から東西南北の方角へそれぞれ10 mの場所に、ハッカのにおいがする砂糖水を入れた皿（餌場）を置き、西の方角の餌場で数匹のミツバチに砂糖水を吸わせた。巣箱に帰ってきたミツバチは、仲間のミツバチに砂糖水を分け与えて、巣板の上で「円形ダンス」と呼ばれる小さな円を描くように右回りに、次に左回りに歩くことを繰り返した（図2）。この踊り手のそばにいたミツバチたちはダンスを見て興奮し、あとにくっつき、自分の触覚を踊り手の体に触れたあと、巣を飛び立って全ての方角の餌場に向かった。

図2

【実験2】

巣箱から10 m離れた場所に砂糖水をかけたにおいをもつシクラメンの花（餌場）を置き、数匹のミツバチに砂糖水を吸わせた。これらのミツバチが巣に帰る間に、巣の近くに大きな皿を2個置き、一つにはにおいをもつシクラメンの花を入れ、他の皿にはにおいをもつフロックスの花を入れた。新たに巣から飛んできたミツバチは、シクラメンの皿にだけ集まってきた。

【実験3】

巣箱から10 m離れた場所に砂糖水をかけたにおいをもたないヒメスノキの花を置き、数匹のミツバチに砂糖水を吸わせた。これらのミツバチが巣に帰る間に、巣の近くに大きな皿を置き、ヒメスノキの花を入れた。新たに巣から飛んできたミツバチは、ヒメスノキの皿には関心を示さなかった。

問5　下のミツバチのしるしを見て、その番号を答えなさい。

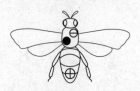

問6　【実験1】～【実験3】より、新たなミツバチが餌場の位置を知るうえで最も大切な情報は何だと考えられますか。ひらがな3文字で答えなさい。

問7 【実験1】の下線部で「あとにくっつき、自分の触覚を踊り手の体に触れたあと」とありますが、これは何のための行動だと考えられますか。最も適当なものを次のア～オから選び、記号で答えなさい。
　　ア　踊り手と交尾(こうび)をするため
　　イ　踊り手が持っている砂糖水をもっとねだるため
　　ウ　踊り手のダンスを止めるため
　　エ　踊り手の体についた花のにおいを知るため
　　オ　特に意味はない

問8 【実験1】について、西の方角の餌場の砂糖水のにおいだけを、ハッカとは別のにおいがする精油に変えました。巣で情報をもらった新たなミツバチはどのような行動をとりますか。最も適当なものを次のア～カから選び、記号で答えなさい。ただし、【実験1】の他の条件や方法は変えないものとします。
　　ア　東西南北すべての方角の餌場に集まってきた
　　イ　東の方角の餌場にだけ集まってきた
　　ウ　西の方角の餌場にだけ集まってきた
　　エ　南の方角の餌場にだけ集まってきた
　　オ　北の方角の餌場にだけ集まってきた
　　カ　どの方角の餌場にも集まらなかった

問9 【実験2】について、餌場の花をシクラメンからフロックスに変えました。新たに巣から飛んできたミツバチはどのような行動をとりますか。最も適当なものを次のア～エから選び、記号で答えなさい。ただし、【実験2】の他の条件や方法は変えないものとします。
　　ア　シクラメンの皿とフロックスの皿の両方に集まってきた
　　イ　シクラメンの皿にだけ集まってきた
　　ウ　フロックスの皿にだけ集まってきた
　　エ　どちらの皿にも集まらなかった

ミツバチは、巣箱から1.6kmまたはそれ以上も離れた場所から花蜜を集めてくることがしばしばあります。そのため、遠い場所で豊富な花蜜をもつ花を見つけた働きバチが、仲間のミツバチに対して、【実験1】～【実験3】のように巣から近い場所だけでなく、遠い場所についても、何らかの情報を伝えることができれば、明らかに花蜜を集めるうえで効率のよいことになります。そこで博士は【実験4】～【実験7】を行いました。

【実験4】

　巣箱から10m離れた場所と、300m離れた場所にラベンダーのにおいがする砂糖水を入れた皿（餌場）をそれぞれ置いた。10mの餌場で点を打った丸でしるしをつけたミツバチ（ミツバチ◉）に、300mの餌場で黒い丸でしるしをつけたミツバチ（ミツバチ●）にそれぞれ砂糖水を吸わせた。巣箱に帰ってきたミツバチ◉は巣板の上で円形ダンスを踊り、それによって情報を受け取った仲間のミツバチは10mの餌場だけに向かった。一方で、巣箱に帰ってきたミツバチ●は円形ダンスではなく、巣板の上で「尻振りダンス」と呼ばれる半円を描いてから直線的にもとの位置に戻り、逆の半円を描いてまた直線上を戻るということを繰り返した（図3）。このダンスから情報を受け取った仲間のミツバチは300mの餌場だけに向かった。

図3

【実験5】

　巣箱から10mの場所に置いた餌場を、すこしずつ遠くへ移していき、餌場から巣箱へ戻ってきたミツバチのダンスのしかたを観察した。巣箱から50～100mの位置で、ミツバチのダンスは円形ダンスから尻振りダンスに変化した。同様に、遠い場所に置いた餌場をすこしずつ巣箱に近づけてきたところ、50～100mの位置で尻振りダンスは円形ダンスに変わった。

【実験6】

　巣箱から100mの場所に置いた餌場を、そこから100mずつ巣箱から段階的に離していき、尻振りダンスの様子を比較観察した。距離が離れると、ダンスの速さが規則正しい割合で変化した。これを図4にまとめた。

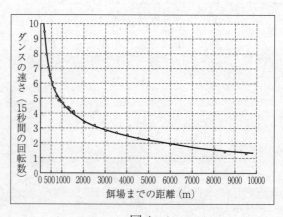

図4

【実験7】
　餌場を巣箱から南へ100 mの位置におき、時刻の変化と尻振りダンスの関係を調べた。すると、尻振りダンスで餌場の方角を仲間のミツバチに知らせるのに、太陽の位置が重要であることがわかった。そのルールを下に示す。

① 巣箱から見て餌場が太陽と同じ方角にある場合、ダンスの直線方向は、垂直に立った巣板上で真上に向かう。
② 巣箱から見て餌場が太陽がある方角の正反対にある場合、ダンスの直線方向は巣板上で真下に向かう。
③ 巣箱から見て餌場が太陽がある方角から左へ60°ずれた方角にある場合、ダンスの直線方向は真上から左に60°ずれた方向に向かう。
④ 巣箱から見て餌場が太陽がある方角から右へ120°ずれた方角にある場合、ダンスの直線方向は真上から右に120°ずれた方向に向かう。

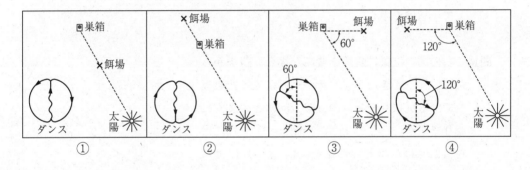

問10　【実験4】と【実験5】より、ミツバチのダンスに「円形ダンス」と「尻振りダンス」の2種類があるのは、何の情報を伝えるためだと考えられますか。最も適当なものを次のア〜エから選び、記号で答えなさい。
　　ア　餌場までの距離
　　イ　餌場の方角
　　ウ　餌場にある蜜の量
　　エ　餌場にある蜜の種類

問11　ミツバチが15秒間で尻振りダンスをする回転数について、最も適当なものを次のア〜エから選び、記号で答えなさい。
　　ア　餌場までの距離が近いほど、回数は増える。
　　イ　餌場までの距離が遠いほど、回数は増える。
　　ウ　餌場の方角と太陽の方角の角度が小さいほど、回数は増える。
　　エ　餌場の方角と太陽の方角の角度が大きいほど、回数は増える。

問12　尻振りダンスが1分間で24回の回転数だった場合、巣箱から餌場までの距離として最も適当なものを、次のア〜オから選び、記号で答えなさい。
　　　ア　500 m
　　　イ　750 m
　　　ウ　1000 m
　　　エ　1250 m
　　　オ　1500 m

問13　尻振りダンスでは、巣板の真上の方向は、何の位置を表していると考えられますか。次のア〜エから選び、記号で答えなさい。
　　　ア　太陽
　　　イ　巣箱
　　　ウ　餌場
　　　エ　地球の中心

問14　右の図の位置に餌場を置いた場合、餌場から巣箱に帰ってきたミツバチが垂直に立てた巣板上で踊る尻振りダンスの直線方向はどのようになりますか。あとの文章の空欄（　①　）には右もしくは左のどちらかを、（　②　）には角度を数字で答えなさい。

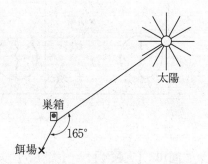

「直線方向は、真上から（　①　）に（　②　）°ずれた方向に向かった。」

問15 ある餌場から帰ってきたミツバチが、巣板の上で、右の図のような尻振りダンスを、1分間で10回の回転数で行いました。

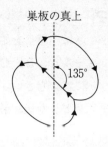

① このミツバチの巣箱は、下の地図上のどこにあると考えられますか。巣箱があると考えられる地点の黒丸（●）を丸で囲みなさい。ただし、地図の点線は500ｍごとに引かれているものとします。

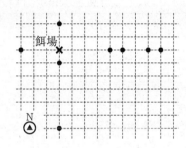

② このときの太陽の方角として最も適当なものを、次のア～クから選び、記号で答えなさい。

　　ア　西　　　イ　南西　　　ウ　南　　　エ　南東　　　オ　東
　　カ　北東　　キ　北　　　　ク　北西

（出典：「ミツバチの不思議〔第2版〕」K.V.フリッシュ著・伊藤智夫訳）

2

ボールを硬い床に落としたとき、ボールははね返ってきます。ボールがはね返る高さは、落下を始める高さの他に、ボールと床との組み合わせでも変わってきます。ボールA、B、Cと床D、Eを用意して実験を行いました。実験の結果をもとに後の問に答えなさい。ただし、空気の抵抗は考えないものとし、はね返った高さとは、バウンドした後に最も高くなったときの高さのことです。

ボールAを、高さを変えながら床Dと床Eに落下をさせる実験1を行いました。実験1の結果は表1のようになりました。

落とした高さ(cm)	床D はね返った高さ(cm)	床E はね返った高さ(cm)
40	10	5
ア	20	10
120	イ	15
160	40	20
200	50	エ
ウ	100	50

表1

問1　表1のア～エにあてはまる数値を答えなさい。

問2　床DにボールAをある高さから落としたとき、2回バウンドした後にはね返った高さは10cmでした。最初に落とした高さは何cmですか。

問3　ボールAを400cmの高さから落としたとき、はね返った高さが20cm以下になるのは、何回バウンドした後ですか。床Dに落としたとき、床Eに落としたときそれぞれ答えなさい。

問4　床DにボールAをある高さから落として3回バウンドした後のはね返った高さは12.5cmでした。同じ高さから床Eに落としたとき、はね返った高さが12.5cmになるのは何回バウンドした後ですか。

ボールBを、高さを変えながら床Dと床Eに落下をさせる実験2を行いました。実験2の結果は表2のようになりました。

落とした高さ(cm)	床D はね返った高さ(cm)	床E はね返った高さ(cm)
20	1.8	0.8
40	3.6	1.6
60	5.4	2.4
80	7.2	3.2
100	9	4.0
120	10.8	4.8

表2

ボールCを、高さを変えながら床Dと床Eに落下させる実験3を行いました。実験3の結果は表3のようになりました。

落とした高さ(cm)	床D はね返った高さ(cm)	床E はね返った高さ(cm)
20	12.8	3.2
40	25.6	6.4

表3

問5　実験1～3から見て、最もはね返るボールと床の組み合わせと、最もはね返らないボールと床の組み合わせはそれぞれどれですか。次のア～カからそれぞれ選び、記号で答えなさい。

　　ア　ボールAと床D　　イ　ボールAと床E
　　ウ　ボールBと床D　　エ　ボールBと床E
　　オ　ボールCと床D　　カ　ボールCと床E

問6　床Eにあるボールを50cmよりも低い高さから落としたところ、1回バウンドして3.6cmの高さまではね返りました。落としたボールはどれですか。次のア～ウからすべて選び、記号で答えなさい。

　　ア　ボールA　　イ　ボールB　　ウ　ボールC

3 次の図1は、北緯35度上の地点Mでの星A〜Cの天球上の通り道と北極星を表したものです。図1に示した「天頂」とは、観測者の真上を示したもので、「天の子午線」とは、真南から天頂を通って真北を結ぶ線を示すものです。また、表1は2月25日と4月25日と6月25日の星A〜Cが天の子午線を通過する時刻を表したものです。

図2は南の空を見たときの星Aと星Bの通り道を、図3は北の空を見たときの星Cの通り道を示したものです。図2のあ〜き、さ〜そ、図3のた〜ひの記号は、1日の動きの2時間ごとの位置を示しています。図と表をもとに、後の問いに答えなさい。ただし、図3のた〜ひの間かくは、すべて等しくて、1か月は30日として考えます。

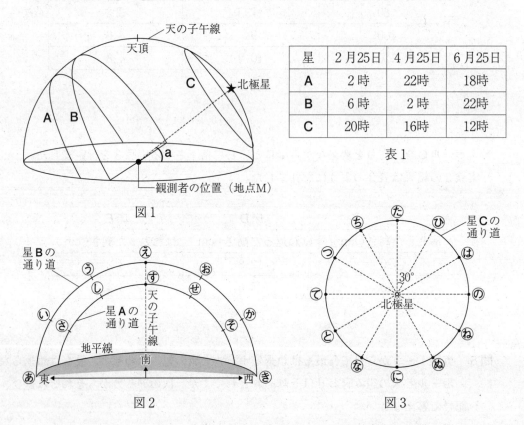

星	2月25日	4月25日	6月25日
A	2時	22時	18時
B	6時	2時	22時
C	20時	16時	12時

表1

図1

図2

図3

問1　図1の角度aは北極星の高さを表したものです。地点Mでのaは何度ですか。

問2　星Bが20時に天の子午線を通過するのは何月何日ですか。

問3　星の動き方の説明として正しいものを次のア～エから選び、記号で答えなさい。
　　ア　どの星も東から西に動き、北の空の星も南の空の星も時計回りに動いて見える。
　　イ　どの星も東から西に動き、北の空の星も南の空の星も反時計回りに動いて見える。
　　ウ　どの星も東から西に動き、北の空の星は時計周り、南の空の星は反時計回りに動いて見える。
　　エ　どの星も東から西に動き、北の空の星は反時計周り、南の空の星は時計回りに動いて見える。

問4　4月25日に、星Bが、⑤から⑧まで動くのにかかる時間は何時間ですか。

問5　4月25日に、星Cが、たからてまで動くのにかかる時間は何時間ですか。

問6　20時の星Aの位置が、⓪からせまで変わるのに、何か月かかりますか。

問7　4月25日の20時に、星Aはどの位置にありますか。さ～そから選び、記号で答えなさい。

問8　星Aが図のせの位置にあるときに、星Bはどの位置にありますか。あ～きから選び、記号で答えなさい。

問9　星Aがその位置に見えるのは、1月25日の何時ですか。

問10　星Cがひの位置に見えるのは、1月25日の何時ですか。

問11　星Cは10月25日の20時にはどの位置にありますか。た～ひから選び、記号で答えなさい。

4 以下の文章をよく読み、後の問いに答えなさい。

　物が水にとける量には限度があります。100gの水にとけることのできる物質の限度の量をよう解度といい、物質の種類によってちがいます。また、よう解度は温度の影響を受けることも知られています。以下の表はさまざまな物質の各温度でのよう解度を示したものです。

温度(℃)	0	20	40	60	80	100
砂糖	179	204	238	287	362	485
塩化水素	81	70	61	53	47	40
アンモニア	1176	702	428	252	138	88
硫酸銅	23.1	32	44.6	61.8	83.8	114

表　水100gにとける物質の量（g）
（アンモニアのみ水1mLにとける物質の量（mL））

　この表から、60℃の水100gに200gの砂糖をとかした場合は、あと87gとかすことができることがわかります。また、同じく、60℃の水100gに200gの砂糖をとかした水よう液を0℃まで冷やした場合、砂糖21gがとけきれずに出てきます。
　このように物質は各温度でのよう解度がきまっていて、とけるだけとけた水よう液をほう和水よう液といいます。
　では、水よう液のこさをもとめるにはどのようにすればよいのでしょうか。水よう液の重さは、水の重さととかした物質の重さを足したものになります。そして、水よう液のこさは、とけているものの重さが水よう液全体の重さの何パーセント（％）にあたるかという割合（百分率）で表すことができます。つまり、100gの水に25gの食塩をとかした食塩水のこさは25％ではなく、20％になります。また、こさが違う2つの水よう液を混ぜ合わせたときは、2つの水よう液の重さを合わせた上で、その中にとけているものの重さの合計を考えていかなくてはなりません。

問1　塩化水素がとけている水よう液の名まえを漢字2文字で答えなさい。

問2　20℃の水20gに17gの硫酸銅をとかしたら、とけ残りがありました。このよう液の温度を上げていったところ、ある温度で硫酸銅は全てとけました。この温度はどの範囲にあてはまりますか。次の**ア**～**エ**から選び、記号で答えなさい。

　　ア　20℃以上40℃未満　　　**イ**　40℃以上60℃未満
　　ウ　60℃以上80℃未満　　　**エ**　80℃以上100℃未満

問3　20℃の水200gに塩化水素がとけきれるだけとけています。この水よう液の温度を100℃まで上げて40gの塩化水素を発生させるには、温度を上げる前に何gの水を加えればよいですか。

問4　表より、これらの物質とよう解度について説明した文章のうち、正しいものを次の**ア**～**エ**から選び、記号で答えなさい。

　　ア　よう解度は温度が高くなるほど大きくなり、低くなるほど小さくなる。
　　イ　よう解度は温度が高くなるほど小さくなり、低くなるほど大きくなる。
　　ウ　気体がとけている水よう液のよう解度は温度が高くなるほど大きくなり、固体がとけている水よう液のよう解度は温度が高くなるほど小さくなる。
　　エ　固体がとけている水よう液のよう解度は温度が高くなるほど大きくなり、気体がとけている水よう液のよう解度は温度が高くなるほど小さくなる。

問5　下線部の20％をもとめる式を考えたとき、下の　**ア**　～　**エ**　に当てはまる数字を答えなさい。

$$\frac{\boxed{ウ}}{\boxed{ア}+\boxed{イ}} \times \boxed{エ} = 20\%$$

問6　20％の硫酸銅水よう液200gと26％の硫酸銅水よう液300gを混ぜ合わせました。

① 何gの硫酸銅水よう液ができますか。

② 20％の硫酸銅水よう液200gに含まれる硫酸銅は何gですか。

③ 混ぜ合わせた水よう液のこさは何パーセントですか。

第3回 入試問題の作成意図

農大三中では、どの教科も以下のような視点のもとで、問題を作成しています。
① 基礎・基本となる知識や考え方が身についていること。
② 基礎・基本となる知識や考え方が使えること、応用できること。
③ 情報や資料などを読み、その内容にもとづいて考えること。

このような視点のもとで作成した問題を通して知りたいことは、学習に対する姿勢と、自分自身の力によって考えることです。問題文などで示された内容に対して、筋道立てて自分の頭でしっかりと考え、判断できるかどうかを問うものです。

【国語】
1. 出題分野について
　　① 漢字書き取り→同音異義語・同訓異義語　② 慣用句　③ 説明的文章
2. 難易度
　　平易に読める説明的文章からの出題である。
3. 入試で求める力
　　① 文脈を読み取る力　② 読み取った内容を表現する力
　　③ 言語を適切に使いこなす力
4. 問題文の題材について
　　少年、少女向けに書かれた自然科学や社会科学に関する説明的文章。
5. 入試問題で何を問うか
　A. 基礎知識の定着をみる
　　① 漢字の読み書きが正しくできるか。
　　② 同音異義語・同訓異義語が正しく判別できるか。
　　③ 語彙が定着しているか。
　　　・ことわざ、故事成語・慣用句の知識
　　　・言葉の係り受けを正しく理解しているか。→定番の言い回しの確認
　B. 文章が正しく理解できるか？
　(1) 論理的展開を正確に追う力みる。
　　① 文章の接続関係を正確に読み取れるか。→接続語の穴埋め問題
　　② 文章の正しい接続を掴む事ができるか。→本文の空欄補充問題
　　③ 指示語や代名詞が何を指すかが正確に読み取れるか。
　　④ 同じ事についての書き換え表現を正しく読み取れるか。

　(2) 文章の主題を掴む力をみる。
　　① 説明文の展開をきちんと追えるか。

②　説明文で筆者の主張や考えを正しく読み取れるか。
C．表現力が適切に身に付いているか？
①　正しい文字を使って正確に表現できるか。
②　指示された通りに書き抜く事ができるか。
③　読み取った内容を自分の言葉になおして表現できるか。

【算数】

1．問題構成・出題形式
　小学校での学習内容を重視し、典型的な問題を幅広い分野から出題します。
　1 は分数計算、小数計算、単位計算などの計算問題
　2 さまざまな分野の基本的な内容を一行題とした小問集合
　3～5 速さ、グラフ、図形、規則性、濃度、などをテーマとした大問。

2．作題の意図とタイプ
　①　**基礎・基本となる学力の定着をみる**
　　・計算力を問う問題
　　・公式の理解や使い方を問う問題
　②　**思考力や発想力をみる**
　　問題の内容を把握し、その内容に対して考えが組み立てられることを問う。
　　考えた内容を筋道たてて処理することを問う。
　　図形問題では補助線を書き加えたり、数値を書き込んだりして処理することを問う。

【社会】

1．出題範囲
　①　小学校の学習内容をベースに、そこから発展させた内容を範囲としています
　②　地理・歴史・公民分野からバランスよく出題されています

2．作題の意図とタイプ
　①　**基本的知識の定着をみる**
　　社会の基本的知識を問う問題として、人名・地名・組織名・事件名を問う問題や、地域・国の特徴を問う問題
　②　**思考力や考察力をみる**
　　「知っているか知らないか」ではなく、地図・グラフ・統計表・絵画など資料を読みとり、考えて解答を導き出す問題
　③　**国際的な視野と地歴公民分野の応用力をみる**
　　今社会で起こっていることへの関心を問う時事問題については、日本のことだけでなく世界のことも幅広く出題

【理科】
① **問題構成・出題形式**
   生物・地学・物理・化学の各分野から出題
   名称や特徴、性質などを問う記号選択形式や語句解答形式の問題
   図や表、条件文から読み取った情報をもとに考える問題

② **どんな力を見るのか**
   理科の各分野の基本的知識(知識・法則)の定着
   文章や表から情報を読み取る力と内容を判断する力
   知識・法則を使い答えを導き出す力

③ **何が出来てほしいか。**
   各分野の基本的知識の定着
   法則を用いて答えを導き出すこと

問六 ──線④「思惑」⑤「壊滅」⑦「連綿」⑧「予断」の意味を次から選び、記号で答えなさい。

ア こわれて、なくなってしまうこと
イ 前もって判断すること
ウ 物事が長く続いて絶えないさま
エ 先の見通しが立たないこと
オ 未来の出来事に対する見込み

問七 ──線⑥「その考え」とはどういう考えですか。最も適しているものを一つ選び、記号で答えなさい。

ア 家庭レベルでどのくらい備えをしておけば生き延びられるか、という考え
イ 日本人の危機意識は甘いという考え
ウ いつでも売っているものをとりあえず買い占めようという考え
エ 食料自給率をあげようという考え
オ 非常時に何を食べれば良いかを本にまとめようという考え

問八 次の中からこの文章の内容に合っていないものを一つ選び、記号で答えなさい。

ア 人類が食べ物を自分たちで作るようになったのは、知能が発達した結果である
イ 現在の地球には食糧危機の兆候が満ちあふれている
ウ 災害に備えて各家庭でもスーパーなどで食糧を買い占めておくべきである
エ 食料自給率が低いということは独立国としての存在が危うい
オ やり方を工夫すれば食料自給率を上げることは可能である

私はこれまで「食文化」を研究してきた一人として、東日本大震災を機に、災害を生き抜く究極の食べものとは何かを書き残しておく必要を強く感じました。そこで、急遽この本を書き下ろした次第です。今後も東海、関東、南海沖の海底プレートが襲ったら、救助の手が届くまでには何日もかかることでしょう。この本には、そんな場合に役立つ常食・非常食の知恵をぎっしりと詰めました。もし、東京、横浜、名古屋、大阪などの大都市を大きな地震や津波が襲ったら、救助の手が届くまでには何日もかかることでしょう。この本には、そんな場合に役立つ常食・非常食の知恵をぎっしりと詰めました。

（小泉武夫『賢者の非常食』（二〇一一年出版）前書きから）

問一　空欄 ①　～　⑤ に入る適当な語を選び、記号で答えなさい（同じ記号を二度以上使ってはいけません）。

ア　しかし　　イ　そして　　ウ　つまり　　エ　そのため　　オ　まず

問二　――線A～Eを「意見」と「事実」に分け、それぞれ記号で解答欄に書きなさい。

問三　――線①「このままでいくと二七年後に人間の食べものは完全になくなるだろう」とありますが、その原因としてどのようなことがあげられますか。二点書きなさい。

問四　――線②「独立国としての存在が危うい」とありますが、それは何故ですか。「～から」と続く形になるように、文章中から二十五文字で書き抜きなさい。

問五　――線③「後継者を育てるだけの自信や余裕が持てないでいます」とありますが、このような自信や余裕を農家が持つためには、どのようなことをするべきだと筆者は言っていますか。文章中の言葉を用いて答えなさい。

たことも見逃せません。こうするとどこの誰が作ったか生産者の顔が見えるので、地元の消費者は安心して国から農作物を買いました。イギリス方式は一時的に税金を使いますが、あとで売るのですから戻ってきます。農家は一〇〇％買ってもらえるために生産意欲が高まり、若者の農業従事者が飛躍的に増えました。おそらく日本もこれくらいのことをしないければ、第一次産業への参入者は増えないでしょう。日本の農業従事者や漁業従事者は、直接売るルートを持たないために常に不安定な状態に置かれ、③後継者を育てるだけの自信や余裕が持てないでいます。

農協や漁協は、生産活動の面倒は見てくれますが、買い上げてすぐに売ってくれる、店舗のような機関ではありません。「市場」へ出すと、豊作や大漁のときこそ儲けなければならないのに、値崩れして④思惑が外れます。価格を維持するために農産物や漁獲物を破棄しなければならない生産者もいる現状では、彼らに「自給率を上げろ」と言っても無理な話です。第一次産業を活性化させるには流通のルート、特に買い上げて地元で売るルートをきっちり整備しなければならないと思います。

そのような視点から、私も微力ながら国への提言を行い、食料自給率を上げる働きかけをしてきたのです。その矢先に、日本人の食をも揺るがす大災害が起こりました。東日本大震災です。

この未曾有の大災害によって、これまで豊かな食べものを提供してくれた東北地方太平洋側の生産地が⑤壊滅的な被害を受けました。テレビや新聞などで報じられている通り、被災地では今でも過酷な状況が続いています。

今回の大地震とそれに伴う大津波は、我々に多くの教訓を残しました。その大部分は、日本人の危機管理の甘さについての教訓でしたが、食べものについても同じことがいえます。自分たちが万一こうした大災害に遭ったとき、家庭レベルでどのくらいの備えをしておけば生き延びることができるのだろうか、と多くの人がテレビの報道を見ながら考えたのではないでしょうか。

⑥その考えが、首都圏におけるスーパーやコンビニでの買い占めの原因になったとすれば、それは大きな間違いだといわざるを得ません。大切なことは、私たちがどのような食べものを日頃から食べ、貯蔵し、持ち出せばいいかについての正しい知識を持つことです。食べれば元気になり、かさばらず、日保ちがするいつでも売っているものをとりあえず買い占めたとしても、何の意味もありません。食品を日本人は古代から⑦連綿と受け継いできたのですから、その知恵を使わない手はないでしょう。ところが、非常時に何を準備して何を食べればいいかという大切なことを書いた本がほとんどないのです。

ちません。最近では局地的な大雨や竜巻も頻繁に発生し、農作物に無視できない被害を与えています。

人口の増加と天候不順によって、食物の安定供給に暗雲が立ち込めている現代ですが、翻ってわが国を見渡すと、日本ではさらに深刻な事態が進行しつつあります。②カロリーベースで三九％にまで食料自給率が激減してきたのです。食べものの六割を海外から調達しなければならないという事態は、Ｄ独立国としての存在が危ういといっても過言ではないでしょう。特に日本の農業の衰退ぶりは著しく、全国の就農者の平均年齢は六五・八歳と高齢化が進んでいます。

これからの時代における食糧は、単なる食べものではなく、国にとっては兵器にも等しい貴重なものです。冒頭でも述べたとおり人間は食べなければ生きていけないので、食糧が足りない国は、売ってくれる国に媚びなくては存続できません。これが、独立国の姿でしょうか。売ってくれるものなら何でもありがたく買わなければならない立場の国では、防腐剤や抗生物質入りの食糧であっても、イヤとは言えません。 ④ 、自国で生産ができないということは、食の安全も侵されてしまうということです。

農業だけではありません。日本の水産業もまた大きく衰退しています。二〇年前には世界で一番魚を獲り、売り、食べてきた日本は、今では世界で一番魚を買う国になりました。昔は当然のごとく魚の自給率は一〇〇％でしたが、今では五〇％を割り込んでいます。このことも、日本の惨憺たる食の現状を示すデータです。

このままでいくと日本は、兵糧攻めにでも遭えば外国から容易に生命線を断たれる脆弱な国家になってしまいます。ただちに食糧生産の増強に取り組むことは、国家としての急務といえるでしょう。そのために、国は全体の統括に徹して都道府県単位の自給力を強め、Ｅ若者を農水の現場に戻す方策を練らなければなりません。

私は常々、イギリスが用いた方法を使えば、若者の第一次産業離れは克服できると訴えています。一九六一年に日本が七八％、イギリスが四二％だった食糧の自給率は、二〇〇七年になると日本が四〇％、イギリスが六五％と逆転しました。いったいどんな方法で、イギリスは食料自給率の回復を成し遂げたのでしょうか。

イギリスでは、各州の食糧事務所から一軒一軒の農家に、具体的な生産量のお願いをしました。「あなたの農地では今年、玉ねぎを一三トン生産しましたが、来年は一五トンにしてください」と依頼したのです。 ⑤ 、約束通りの量をすべて国が買い上げ買い上げた農作物は、そのままその土地の学校給食で使ったり、市場に卸したりと、徹底した地産地消（地域生産地域消費）を実現し

四　次の文章を読んで、後の問いに答えなさい。

　人は、食べなければ生きていけません。　①　、一五〇万年にわたって人類は、常に食べものを追い続けてきました。一五〇万年前というのは、類人猿（るいじんえん）が誕生した時期のことです。これには数十万年に及ぶ幅（諸説）がありますが、まあ一五〇万年前に発生したとしておきましょう。そこで一五〇万年もの間、われわれは食べたもので体を作り、成長して子どもを育て、種族を維持してきたのです。二足歩行を始めた当時の人類が食べていたのは、おもに虫、雑穀（ざっこく）、雑草などです。
　類人猿はやがて二足歩行を始め、ホモサピエンスへと進化して道具を使うようになりました。自分たちが食べられるものを探して、大自然の中を歩き回っていました。その後、人類の脳が大きくなるにつれて、事態は劇的に変化します。
　これはどんな動物類にもいえることですが、脳が発達して知恵がつくのは、基本的には食べものを手に入れたいからなのです。その種族を成長させていきます。人類もまた食べもののために脳の容積を拡大させ、ほかの動物たちがなし得なかったほどの発達を遂げました。
　知能の発達した人類は、ついに食べものを自分たちの手で作るまでになりました。雨が降ろうが雪が降ろうが、牧畜や農耕によって確保した食糧がある夢のような時代の始まりです。さらに人類は火を発明し、独自の食文化を進化させて今日に至りました。
　現在、地球上に存在している約六九億人の人間は、一部の部族を除いてほぼ定期的に自分たちで食べものを作り、それを食べて生きています。これは、大変幸福な状態であることに間違いありません。　②　、命の糧（かて）である食べものが、何らかの都合でなくなったとしたらどうでしょう。実は、地球上にはその兆候（ちょうこう）が満ちあふれているのです。
　①　、アジアやアフリカを中心に、地球上で爆発的に人口が増えているという現象があります。FAO（国際連合食糧農業機関）は、このままでいくと二七年後に人間の食べものは完全になくなるだろうと警告を発しました。そうならないためにはどうすればいいか、人類はそろそろその答えを出さなければならないところにきているのです。
　もうひとつの問題として、地球規模の異常気象があります。　C　温暖化の影響を受けてバランスを崩した気象により、アメリカの広範（こうはん）な山火事、ロシアの冷害（れいがい）、オーストラリアの干ばつなど、大規模な自然災害が毎年のようにどこかの大陸で起こり、甚大（じんだい）な被害が跡を絶

三 次の——線部の慣用表現の意味を後の語群から選び、記号で答えなさい。

① 歯に衣着せぬ発言をする
② 筆舌に尽くしがたい経験
③ 歓迎のために趣向を凝らす
④ わが子の成長に目頭を熱くする
⑤ ペナントレースは長丁場だ

ア 長い時間がかかること
イ 味わいや面白みなどをだすために工夫をすること
ウ 遠慮せずに思った事をずけずけ言うこと
エ 感激や悲しみのあまり涙が出そうになること
オ 文章や言葉で十分表現できないこと

三中 第三回 (一月十一日) 国語

一 次の——線部のカタカナは漢字で、漢字は読み方をひらがなでそれぞれ書きなさい。

① この海岸はシオ干狩りができる
② シンカンセンで京都に行く
③ ウチュウ旅行は人類の夢だ
④ ケンリを主張する
⑤ 夏はスイブン補給が大切だ
⑥ その都度説明する
⑦ 前代未聞の出来事だ
⑧ 大規模な開発工事
⑨ 日照りで作物が枯れる
⑩ 異口同音に訴える

二 次の——線部に入る漢字の部首を後の語群から選び、記号で答えなさい（同じ記号を二度以上使ってはいけません）。

① イタみやすい果物
② 練習をハジめる
③ イネ刈りの季節
④ セイ実な人柄
⑤ 検定に合カクした

ア きへん　イ のぎへん　ウ にんべん　エ おんなへん　オ ごんべん

三中　第三回　（1月11日）算数

1　次の □ にあてはまる数を求めなさい。

(1)　$0.75 \div \dfrac{1}{8} + 4\dfrac{1}{2} \times \left(\dfrac{1}{3} + \dfrac{5}{9}\right) = $ □

(2)　$\dfrac{3}{8} \times \left(62 - \boxed{}\right) - 5.5 = 3\dfrac{1}{2}$

(3)　3時間27分42秒＋2時間43分20秒＝ □ 時間 □ 分 □ 秒
ただし，それぞれの □ には60未満の数が入ります。

2 次の各問いに答えなさい。

(1) $\dfrac{10}{37}$ を小数で表したとき，小数第50位はいくつですか。

(2) 兄と弟の2人でいっしょに働くと20日でできあがる仕事があります。兄が1人でこの仕事をしたところ15日かかって全体の $\dfrac{1}{2}$ をすることができました。残りを弟1人ですると何日かかりますか。

(3) 6％の食塩水400gを □ g蒸発させ，□ gの食塩を加えたところ，濃度が11％になりました。□ にあてはまる数を答えなさい。ただし，□ には同じ数が入ります。

(4) 兄と弟が1800m競走をしました。スタートして5分後には，2人の差は60mあり，兄がゴールしたときには，弟はゴールまであと96mでした。兄と弟が一定の速さで走ったとき，弟の速さは分速何mですか。

(5) 1辺の長さが8cmの立方体ABCD−EFGHの容器に水をいっぱいに入れて，右の図のようにかたむけたら水がこぼれでました。このとき，容器に残った水の量が最初の $\frac{15}{16}$ のとき，CIの長さはいくつですか。

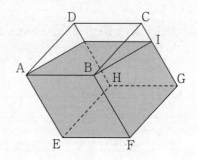

3 図1のように，2つの立方体A，Bを組みあわせてつくったおもりを，1辺の長さが1mの立方体の容器にいれました。この容器の中に一定の割合で水を入れていきます。図2は水を入れ始めてからの時間と水面の高さの関係を表したグラフです。次の各問いに答えなさい。

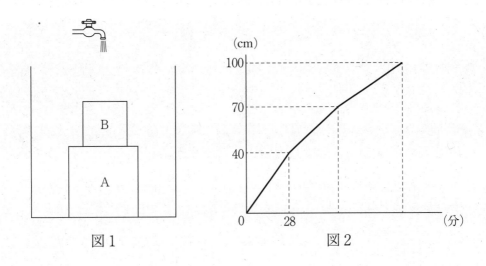

図1　　　図2

(1) 立方体Aの1辺の長さは何cmですか。

(2) 毎分何Lの割合で水を入れましたか。

(3) 水面の高さが70cmになったのは，水を入れ始めてから何分何秒後ですか。

(4) 容器がいっぱいになったのは水を入れ始めてから何時間何分何秒後ですか。

4 兄の所持金では100円のペンを最大9本買うことができます。弟の所持金では，50円のえんぴつを6本買うと，80円の消しゴムを4個まで買うことができます。次の各問いに答えなさい。

(1) 兄の所持金は最大でいくらですか。

(2) 2人の所持金の合計は最大でいくらですか。

(3) 2人で190円のノートを3冊，100円のペンを2本，80円の消しゴムを3個買い，残りの所持金で50円のえんぴつを買えるだけ買うと，何本から何本まで買えますか。

(4) 2人で190円のノートと100円のノートを同じ冊数ずつ買えるだけ買うと，何冊ずつ買えますか。

5 次のように，奇数が1から順に並んでいます。

　　　1，3，5，7，9，11，13，15，17，19，……

次の各問いに答えなさい。

(1) 初めから数えて35番目の数はいくつですか。

　　上の数の並びを，次のように，順に1個，2個，3個，4個，……と組に分けます。

　　　1 | 3，5 | 7，9，11 | 13，15，17，19 | ……

(2) (1)で求めた数は何番目の組に含まれていますか。

(3) (2)の組の最初の数はいくつですか。

(4) (2)の組に含まれるすべての数の和はいくつですか。

三中 第三回 (1月11日) 社会

1 北陸地方および埼玉県の地理について、図1を参考にして、後の問いに答えなさい。

【図1】

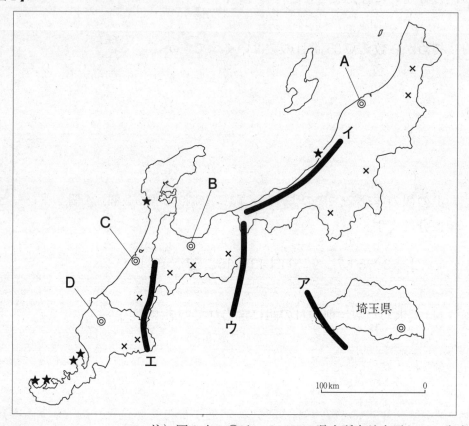

注）図1中の◎は、A～Dの県庁所在地を示しています。

問1　図1中のA～D県のうち、1つだけ県名と県庁所在地名が一致しないものがあります。一致しないものを、A～Dのうちから1つ選び、記号で答えなさい。

問2　図1中のア～エは、それぞれ越後山脈・飛騨山脈・両白山地・関東山地の位置を示しています。山脈・山地の位置として誤っているものを、ア～エのうちから1つ選び、記号で答えなさい。

問3 次の写真1は、図1中のA～D県にみられる風景を示したものです。図1中のB県にみられるものとして正しいものを、写真ア～エのうちから1つ選び、記号で答えなさい。

【写真1】

ア 雁木（上越市高田）

イ 五箇山

ウ 兼六園、雪吊り

エ 永平寺

問4　次の表は、図1中に示したA〜D県の【県別・農水産物の収量、製造品出荷額】を示したものです。D県と埼玉県の組合せとして正しいものを、下のア〜カのうちから1つ選び、記号で答えなさい。

【表】

	水稲の収穫量（万t）	切り花数計（万本）	球根（万球）	海面漁獲量（万t）	業種別製造品出荷額（億円）		
					繊維	石油・石炭製品	生産用機械器具
①	65.7	3790	1770	2.99	768	210	3320
②	21.4	793	1630	4.59	750	70	3350
③	17.2	7720	4	—	952	440	5220
④	13.5	633	—	7.35	2071	—	6480
⑤	13.4	1200	—	1.43	2451	50	930

（資料：2017年　統計要覧のデータより作成。なお、一部切り花数計、球根については2016年度農林水産省統計、繊維は2014年度工業統計より作成。）

	ア	イ	ウ	エ	オ	カ
D県	①	①	②	②	⑤	⑤
埼玉県	③	④	③	④	③	④

問5 図1中の★と✖は、それぞれ発電方法の違う発電所の位置を示したものです。また下の写真2の①～④は、太陽光、原子力、水力、風力（順不同）の発電所の風景です。★と✖にあてはまる発電方法と写真①～④の組合せとして正しいものを、下のア～エのうちから1つ選び、記号で答えなさい。

【写真2】

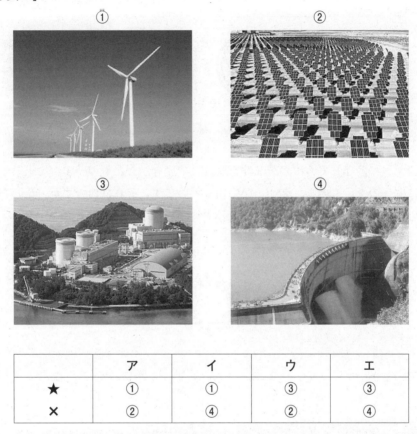

	ア	イ	ウ	エ
★	①	①	③	③
✖	②	④	②	④

問6　次の図2は、図1中の北陸4県の県の旗および、その一部を示したものです。この4県の旗は、県名をデザインの中に取入れているところに特徴があります。C県の旗として正しいものを、次のア〜エのうちから1つ選び、記号で答えなさい。

【図2】

ア	イ	ウ	エ

問7　埼玉県に関連して、次の図3は、埼玉県の旗を示したものです。埼玉県の旗は、県に関係の深いものを、デザインに使っています。それは何ですか。正しいものを次のア〜エのうちから1つ選び、記号で答えなさい。

【図3】

ア　まが玉　　　イ　シラコバト　　　ウ　サクラソウ　　　エ　ムサシトミヨ

問8　次の地形図は、農大三中がある東松山市の周辺地域の一部を示したものです。地形図をみて、下の(1)(2)の方位を、ア〜エのうちからそれぞれ選び、記号で答えなさい。

(1) 菅谷館跡からみた町役場（なお、町役場は　　　で囲っていないので図中よりさがすこと）

(2) 菅谷館跡からみた大平山

　　ア　東　　イ　西　　ウ　南　　エ　北

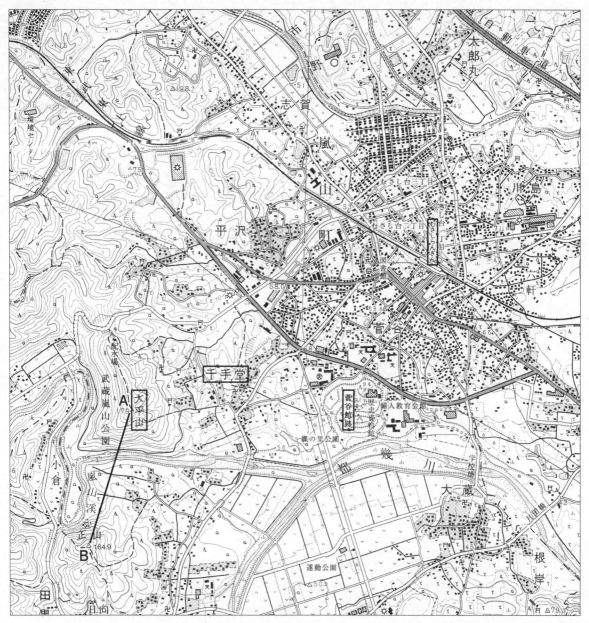

（国土地理院発行2万5千分の1地形図「武蔵小川」を拡大）

問9　地形図中の菅谷館跡から千手堂まで、地形図上で約3cmありました。実際の距離は約何mか答えなさい。

問10 地形図中の大平山の山頂と正山の山頂を結ぶA—Bの断面図を、次のア～エのうちから1つ選び、記号で答えなさい。

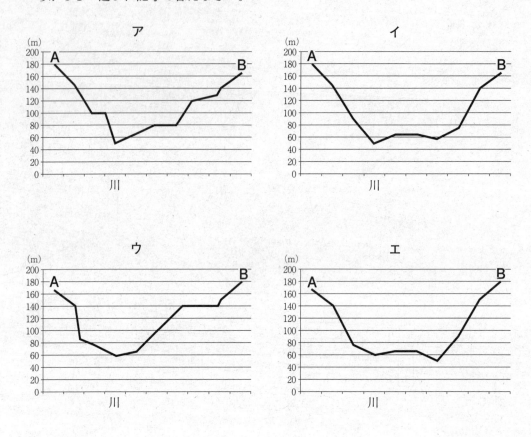

問11 次の文は、地形図から読み取れる内容を記したものです。誤っているものを、ア～エのうちから1つ選び、記号で答えなさい。

ア 東武東上線より北側の地域には、工場や新しい住宅地がみられます。
イ 菅谷館跡周辺には、小中学校や高校、資料館が集まっています。
ウ 東武東上線「むさしらんざん」駅の南側には、水力発電所がみられます。
エ 大平山の西側・南側は急斜面になっています。川は大平山をう回するように流れ、渓谷をつくっています。

2　次の文章を読んで、後の問いに答えなさい。

　日本は島国ですが、現在の中国や朝鮮半島とは、深い関係がありました。その関係は、日本の歴史の転換にもつながっています。古代から近現代までのあいだで、いくつかの例をあげてみましょう。
　たとえば、小野妹子は遣隋使として海をこえ、国づくりのために新しい制度や文化、学問を学びました。その後、663年におこった　A　は、朝鮮半島の百済を救援するために、新羅と唐の連合軍と戦ったものです。その結果日本は敗れ、戦争を指揮した中大兄皇子が即位して天智天皇となり、①律令の制定や都の整備をすすめるなど、国内政治を強化しました。
　鎌倉幕府が開かれてから80年あまりたったころ、②元の大軍が九州北部にせめてきました。執権の　B　は、武士たちの活躍にたすけられこれを撃退しましたが、幕府の体制を弱体化させるきっかけとなりました。
　その後、③室町幕府をへて戦国時代に入りました。16世紀になって日本を統一した豊臣政権は、明を征服するために朝鮮を侵略しましたが失敗しました。秀吉の死もあって、④1615年には滅亡してしまいました。
　明治以降の戦争も、国内政治や人々のくらしに大きな影響をあたえました。⑤日清・日露戦争や1914年からの第一次世界大戦では、戦勝国でした。しかし、⑥1931年に満州事変が起こり、1941年からの太平洋戦争では、敗戦国になりました。当時多くの国民は、この戦争は「正しい戦争である」という政府の言葉を信じて戦争に協力した結果、国力は弱まりました。しかし、その後の民主化政策や経済成長をへて、現在に至っています。

問1　文中の空欄　A　に入る戦争名として正しいものを、次のア～エのうちから1つ選び、記号で答えなさい。

　　ア　屋島の戦い　　イ　白村江の戦い
　　ウ　壇ノ浦の戦い　エ　平治の乱

問2　文中の空欄　B　に入る人名として正しいものを、次のア～エのうちから1つ選び、記号で答えなさい。

　　ア　北条時政　　イ　北条高時　　ウ　北条時宗　　エ　北条義時

問3　文中の下線部①に関連して、次の各問いに答えなさい。

(1) このころの社会のしくみとして、人びとはさまざまな税を納めました。それらの説明として誤っているものを、次の**ア〜エ**のうちから1つ選び、記号で答えなさい。

　　ア　租は、稲の収穫の3％を納めました。
　　イ　調は、織物や地方の特産物を納めました。
　　ウ　庸は、年間に10日都で働くか、布を納めました。
　　エ　その他、都や北海道を守る兵士の役をつとめました。

(2) 奈良時代、聖武天皇は、仏教の力で社会の不安をしずめようとしました。このころの政治について誤っているものを、次の**ア〜エ**のうちから1つ選び、記号で答えなさい。

　　ア　国分寺や国分尼寺を建てることを決めました。
　　イ　西アジアやヨーロッパの工芸品が集まり、一木造の正倉院に納められました。
　　ウ　大仏づくりには、銅や金、水銀やすずなどが用いられました。
　　エ　中国僧の鑑真が来日して、唐招提寺がつくられました。

問4　文中の下線部②に関連して、次の絵巻物に関する各問いに答えなさい。

(1) 絵巻物のなかで、元の兵士と戦う馬上の御家人は誰ですか。人名として正しいものを、次のア～エのうちから1つ選び、記号で答えなさい。

　　ア　畠山重忠　　イ　足利尊氏　　ウ　蠣崎季広　　エ　竹崎季長

(2) 絵巻物の中央では、当時、最先端の技術が用いられた火薬具器が爆発しています。その名称を**ひらがな4字**で答えなさい。

問5　文中の下線部③と中国（明）がおこなった貿易として正しいものを、次のア～エのうちから1つ選び、記号で答えなさい。

　　ア　朱印船貿易　　イ　日朝貿易　　ウ　勘合貿易　　エ　居留地貿易

問6　文中の下線部④より前のできごととして正しいものを、次のア～エのうちから1つ選び、記号で答えなさい。

　　ア　武家諸法度で参勤交代の制が定められました。
　　イ　徳川家康が征夷大将軍に任命されました。
　　ウ　島原の乱がおこりました。
　　エ　近松門左衛門が『曽根崎心中』を書きました。

問7　文中の下線部⑤に関連して、次の各問いに答えなさい。

(1) 日清戦争の講和条約で、日本は遼東半島を得ましたが、ロシアなどの要求を受けて、これを清に返しました。このできごとを何といいますか。

(2) 日露戦争のはじまった年として正しいものを、次のア～エのうちから1つ選び、記号で答えなさい。

　　ア　1875年　　イ　1884年　　ウ　1894年　　エ　1904年

問8 文中の下線部⑥に関連して「満州国」の位置として正しいものを、次の図中のア〜エのうちから1つ選び、記号で答えなさい。

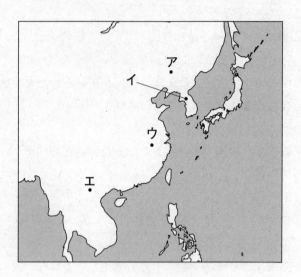

3　2017年1月から6月までに世界の各地域では様々な出来事がありました。次の文を読んで、後の問いに答えなさい。

> アメリカ合衆国では、トランプ大統領が①TPP離脱を表明しました。また、②イスラム教徒の多い7カ国からのアメリカ入国禁止を命令しました。さらに、地球温暖化対策の国際的枠組みである　A　協定からの離脱を発表しました。
> フランスではマクロン氏が大統領に就任しました。③イギリスでは議会の選挙で与党の保守党が単独過半数にとどかず、④EUからの離脱決定に影響を与えています。
> アジアでは、北朝鮮がミサイル発射や⑤核実験をくりかえし行い、韓国では文在寅（ムン＝ジェイン）氏が大統領に当選しました。⑥日本では、国連平和維持活動を行っている陸上自衛隊を南スーダンから撤収すると、　B　首相が発表しました。

問1　文中の　A　・　B　に入る最も適当な語句を答えなさい。

問2　文中の下線部①に関連して、世界の貿易や地域協力について述べた文として、誤っているものを、次のア～エのうちから1つ選び、記号で答えなさい。

　　ア　1995年、貿易の自由化をすすめるため世界貿易機関（WTO）が設立されました。
　　イ　国連貿易開発会議（UNCTAD）は、発展途上国と先進国の経済格差の解決を図るための機関です。
　　ウ　東南アジアの地域協力機構として、東南アジア諸国連合（ASEAN）があります。
　　エ　TPPは、日本とアメリカ合衆国の二国間で貿易の自由化を進めるための協定です。

問3　文中の下線部②について、イスラム教の聖地メッカがある国はどこですか。次のア～エのうちから1つ選び、記号で答えなさい。

　　ア　サウジアラビア　　イ　イタリア
　　ウ　アルゼンチン　　　エ　ベトナム

問4 文中の下線部③は、国際連合の安全保障理事会の常任理事国です。常任理事国として誤っている国を、次のア～エのうちから1つ選び、記号で答えなさい。

　　ア　ドイツ　　　イ　フランス　　　ウ　中国　　　エ　ロシア

問5 文中の下線部④の多くの加盟国で流通している共通通貨を、カタカナで答えなさい。

問6 文中の下線部⑤について、核兵器に関連して述べた文として誤っているものを、次のア～エのうちから1つ選び、記号で答えなさい。

　　ア　1945年8月、広島、長崎に投下された原子爆弾で多くの命が失われました。
　　イ　1971年、日本は「核兵器を持たず、作らず、持ち込ませず」という非核三原則を国会で決議しました。
　　ウ　核拡散防止条約では、核兵器を持っている国が持っていない国にゆずりわたすことや、持っていない国の核開発などが禁止されました。
　　エ　1996年、爆発をともなう核実験を禁止する条約を、すべての国連加盟国が承認しました。

問7 文中の下線部⑥に関連して、日本国憲法について述べた文として誤っているものを、次のア～エのうちから1つ選び、記号で答えなさい。

　　ア　日本国憲法の三大原則は、国民主権、平和主義、基本的人権の尊重です。
　　イ　憲法は、衆議院議員の3分の2以上の賛成により改正できます。
　　ウ　第25条では、健康で文化的な最低限度の生活を営む権利を保障しています。
　　エ　第9条では、戦争放棄や陸海空軍その他の戦力を持たないことなどが定められています。

1 図は、発芽前のインゲンマメの種子を二つに割って中の様子を観察したスケッチです。後の問いに答えなさい。

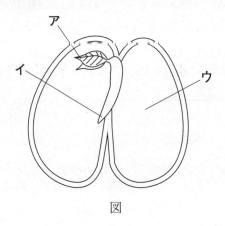

図

問1 図のインゲンマメのア～ウは何といいますか。それぞれことばで答えなさい。

問2 この種子をうすめたヨウ素液につけたとき、紫色に染まった部分を、図のア～ウから選び、記号で答えなさい。

問3 問2の結果から、紫色に染まった部分にはどんな物質が含まれていると考えられますか。ことばで答えなさい。また、その物質はインゲンマメの何に利用されますか。簡単に説明しなさい。

問4 インゲンマメの種子の発芽の環境条件を、次のア～カから3つ選び、記号で答えなさい。
　　ア 空気（酸素）　　イ 光があたる　　ウ 光があたらない
　　エ 水　　　　　　　オ 適当な温度　　カ 肥料

問5 レタスの発芽に関する問題です。種子が小さいレタスは、問3の物質が少ないので、発芽したら成長に必要な養分を自らつくる必要があるため、問4の環境条件に加えて、さらにもう1つの環境条件がないと発芽しません。その環境条件を1つ、問4のア～カから選び、記号で答えなさい。

2　次の文章を読んで、後の問いに答えなさい。

　マグマは地下100～200kmあたりの深いところで、岩石の一部が高温・高圧のため、どろどろにとけて液状になったものです。①マグマは量が増えると地表近くまで上ってきてそこにたまります。
　マグマの一部は冷やされてかたまり、②岩石になります。また、マグマがたまっている空間に水蒸気などがたまり、圧力が大きくなると周りの岩石をふきとばして、③水蒸気やマグマがふき出します。

問1　下線部①を何といいますか。

問2　下線部②のうち、マグマが地上や地表近くで急速に冷えてできた岩石を何といいますか。

問3　下線部②のうち、マグマが地下でゆっくり冷えてできた岩石の代表例を次のア〜エから2つ選び、記号で答えなさい。
　　ア　りゅうもん岩　　イ　げん武岩
　　ウ　はんれい岩　　　エ　花こう岩

問4　下線部③を何といいますか。

問5　マグマのねばりけと下線部③の様子、火山の形には関係があります。マグマのねばりけが小さいときの下線部③の様子を次のア、イから、火山の形を次のウ、エから、代表的な火山を次のオ〜クからそれぞれ選び、記号で答えなさい。

下線部③の様子	ア　おだやか　　イ　はげしい
火山の形	ウ（ドーム状）　　エ（平たい）
代表的な火山	オ　浅間山　　カ　キラウエア山 キ　昭和新山　　ク　有珠山

3　同じまめ電球とかん電池を使い、図1〜6の回路をつくりました。
　図1において、まめ電球を流れる電流の強さを1、まめ電球の電気抵抗を1とします。
　図2は、まめ電球2個が直列につながれているため、回路全体の電気抵抗の大きさは図1と比べて、2倍になります。電流の強さは抵抗に反比例するため、図2のまめ電球に流れる電流の強さは図1の0.5倍になります。そのため、まめ電球の明るさは図1と比べて暗くなります。
　図3は、まめ電球2個が並列につながれているため、回路全体の電気抵抗の大きさは図1と比べて、0.5倍になります。そのため、図3の回路全体に流れる電流の強さは図1の2倍になりますが、それぞれのまめ電球に流れる電流の強さは図1と同じです。
　この説明文を参考に、後の問いに答えなさい。

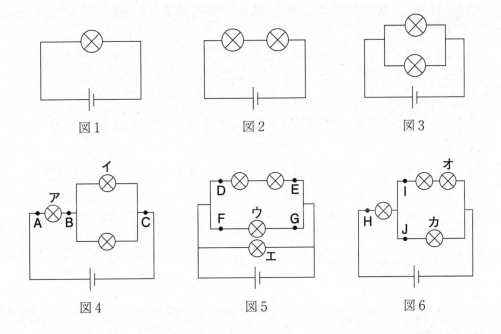

問1　図4で、アとイのまめ電球の明るさを比べると、どのようになりますか。
　次のあ〜うから選び、記号で答えなさい。
　　あ　アの方が明るい　　い　イの方が明るい　　う　同じ明るさである

問2　図5で、ウとエのまめ電球の明るさを比べると、どのようになりますか。
　次のあ〜うから選び、記号で答えなさい。
　　あ　ウの方が明るい　　い　エの方が明るい　　う　同じ明るさである

問3　図6で、**オ**と**カ**のまめ電球の明るさを比べると、どのようになりますか。次の**あ**〜**う**から選び、記号で答えなさい。

　　あ　**オ**の方が明るい　　　**い**　**カ**の方が明るい　　　**う**　同じ明るさである

問4　図4〜6の**ア**〜**カ**のまめ電球で最も明るいのはどのまめ電球ですか。**ア**〜**カ**からすべて選び、記号で答えなさい。

問5　図4で、A〜B間の電気抵抗の大きさを1とすると、A〜C間の電気抵抗の大きさはいくつになりますか。

問6　図5で、電気抵抗の大きさや、流れる電流の強さを比べました。

①　F〜G間の電気抵抗の大きさを1とすると、D〜E間の電気抵抗の大きさはいくつになりますか。

②　Fを流れる電流の強さを1とすると、Dを流れる電流の強さはいくつになりますか。

問7　説明文を参考にすると図6で、Jを流れる電流の強さは0.4となります。

①　Hを流れる電流の強さはいくつになりますか。

②　Iを流れる電流の強さはいくつになりますか。

4　物質アと物質イをそれぞれ水100gにとかして、とける物質の重さと温度の関係を調べ、表1とグラフ1にまとめました。後の問いに答えなさい。

温度（℃）	0	10	20	30	40	50	60
物質ア（g）	13.3	22.0	31.6	45.5	64.0	85.2	110
物質イ（g）	35.6	35.7	35.8	36.0	36.3	36.7	37.1

表1

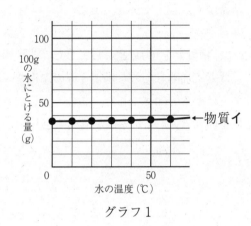

グラフ1

問1　上の表1のように、物がとける量には限度があります。100gの水にとけることのできる物質の最大量を何といいますか。

問2　物質ア、イはしょう酸カリウムと塩化ナトリウム（食塩）のいずれかです。塩化ナトリウムはア、イのどちらですか。ア、イから選び、記号で答えなさい。

問3　表1の物質アの結果をグラフで表しなさい。解答欄のグラフには、各温度でとける量をグラフ1のように●で書きなさい。

問4　次のあ～えのうち、正しいものはどれですか。あ～えから1つ選び、記号で答えなさい。
　　あ　50℃の物質アの水よう液を10℃に冷やすと、必ず結晶が出てくる。
　　い　グラフ1の物質イはほぼ直線なのでとける量と温度は比例している。
　　う　物質アやイと異なり、温度が低いほど水によくとける物質もある。
　　え　30℃の水50gでつくった物質アとイの飽和水よう液の重さは同じである。

問5　60℃の水100gに物質アを20gとかしました。60℃ではあと何gの物質アをとかすことができますか。

問6　物質イを30℃でとけるだけとかしました。この水よう液のこさは何％ですか。小数第1位を四捨五入して、整数で答えなさい。

問7　40℃の水200gに物質アをとけるだけとかしました。この水よう液を10℃まで冷やすと、何gの結晶がでてきますか。

問8　40℃の水200gに、物質アを100gとかしました。この水よう液を加熱してふっとうさせました。しばらく加熱したのち水よう液の温度をふたたび40℃にもどし、水よう液だけの重さをはかると50gでした。このとき、物質アの結晶は何gでてきますか。小数第1位を四捨五入して、整数で答えなさい。

東京農業大学第三高等学校附属中学校

平成三十年度　第一回　入学試験（一月十日実施）　国語　解答用紙

①	②	③	④	⑤
⑥	⑦	⑧	⑨	⑩

①	②	③	④	⑤

問一	
問二	
問三	
問四	
問五	植物は　　　　　　　　　　　　　　　　　　　　　　わけではないので、 人は　　　　　　　　　　　　　　　　　　　　　　　　　　　　から。

問一	
問二	についての意思決定。
問三	～
問四	A　　　B　　　C
問五	
問六	
問七	

三中・解答用紙

東京農業大学第三高等学校附属中学校

平成30年度　第1回入学試験（1月10日実施）　算数　解答用紙

受験番号　　　　氏名

1
| (1) | (2) | (3) |

2
| (1) | (2) 本 | (3) 円 |
| (4) | (5) m | |

3
| (1) cm | (2) cm |
| (3) cm | (4) cm |

4
| (1) 円 | (2) 通り |
| (3) 円 | (4) 通り |

5
| (1) 時間 | (2) 時速 km |
| (3) 時間後 | (4) km |

東京農業大学第三高等学校附属中学校

平成30年度　第1回入学試験（1月10日実施）　社会・理科　解答用紙

受験番号　　　　　氏名

1
| 問1 | 問2 | 問3 | 問4 |
| 問5 | 問6 | 問7 | |

2
問1	A	B		問2	
問3		問4		問5	
問6	(1)　　→　　→		(2)		
問7			問8	(1)	(2)

3
問1	A	B	C
問2		問3		問4	
問5		問6		問7	

4
問1
| ① | ② | ③ |
| ④ | ⑤ | |

問2
| ① | ② | ③ (グラフ) |
| ④　　　cm³ | ⑤　　　cm³ | |

発生した気体の体積(cm³) / 加えた塩酸の体積(cm³)

5

A問題
| 問1 | 問2 | 問3 | 問4 |
| 問5 | 問6 | 問7 | |

B問題
| 問1 | ① | ②　　m/秒 | 問2　　時 | 問3 |
| 問4 | | 問5 | ① | ② | 問6 |

C問題
| 問1 | イ　　度　ウ　　度 | 問2　　度 | 問3 | 問4 |

東京農業大学第三高等学校附属中学校
平成30年度　入学試験（1月10日午後実施）
総合理科（基礎）　解答用紙

受験番号　　　　氏名

1
問1		問2		問3	
問4		問5			

問6

2
問1	あ	い	う	問2	cm

問3	初めて　　　　秒	2回目　　　　秒	問4	cm

問5	③	⑤	問6	

問7	2.5秒	3.5秒		

3
問1		問2		問3	km
問4	日	問5		問6	

問7	(1)	(2) 金星	木星	

4
問1		問2	②	③	④
問3	g	問4	あ	い	う
問5	g	問6	g		

— 232 —

東京農業大学第三高等学校附属中学校
平成30年度　入学試験（1月10日午後実施）
総合理科（応用）　解答用紙

東京農業大学第三高等学校附属中学校

平成三十年度　第三回　入学試験（1月11日実施）　国語　解答用紙

一　① ② ③ ④ ⑤
　　⑥ ⑦ ⑧ ⑨ ⑩

二　① ② ③ ④ ⑤

三　① ② ③ ④ ⑤

四
　問一　① ② ③ ④ ⑤
　問二　意見　　　　事実
　問三　1
　　　　2
　問四　　　　　　　　　　　　　　　　　　　から。
　問五
　問六　④ ⑤ ⑦ ⑧
　問七
　問八

得点

整理番号　受験番号　氏名

東京農業大学第三高等学校附属中学校

平成30年度　第3回入学試験（1月11日実施）　算数　解答用紙

整理番号　　　　　受験番号　　　　　氏名

1
| (1) | (2) | (3) 時間　　分　　秒 |

2
| (1) | (2)　　　　　日 | (3) |
| (4) 分速　　　　m | (5)　　　　cm | |

3
| (1)　　　　cm | (2) 毎分　　　L |
| (3)　　分　　秒後 | (4)　　時間　　分　　秒後 |

4
| (1)　　　　円 | (2)　　　　円 |
| (3)　　本から　　本 | (4)　　　　冊 |

5
| (1) | (2)　　　　番目 |
| (3) | (4) |

東京農業大学第三高等学校附属中学校

平成30年度　第3回入学試験（1月11日実施）　社会　解答用紙

| 整理番号 | | | | 受験番号 | | | 氏名 | |

1

問1		問2		問3	
問4		問5		問6	
問7		問8 (1)		(2)	
問9	m	問10		問11	

2

問1		問2		問3 (1)		(2)	
問4 (1)		(2)		問5	
問6		問7 (1)		(2)	
問8	

3

問1	A	B	問2	
問3		問4		問5	
問6		問7	

東京農業大学第三高等学校附属中学校
平成30年度 第3回入学試験（1月11日実施） 理科 解答用紙

整理番号　　　　受験番号　　　　氏名

1
問1	ア	イ	ウ	問2	
問3	物質名		説明		
問4			問5		

2
問1		問2		問3	
問4		問5	③の様子	火山の形	代表的な火山

3
問1		問2		問3		問4	
問5		問6	①		②		
問7	①		②				

4
問1		問2	
		問4	
問3	（グラフ：横軸 水の温度(℃) 0〜50、縦軸 100gの水にとける量(g) 50〜100）	問5	g
		問6	％
		問7	g
		問8	g

一中 1 回（2 月 1 日）合否別正答率

国語　100 点満点【平均点】68.0 点（合格者平均 75.5 点）

	①①	②	③	④	⑤	⑥	⑦	⑧	②問1 A	問1 B
合格	86.0%	78.7%	76.8%	78.4%	82.9%	99.4%	91.4%	97.8%	91.4%	80.3%
不合格	75.1%	62.0%	50.0%	42.7%	61.3%	93.4%	79.1%	92.0%	81.9%	74.6%

	問1 C	問2	問3	問4	問5	問6	問7	問8 ア	問8 イ	問8 ウ
合格	93.7%	93.3%	94.0%	69.5%	88.9%	45.4%	79.4%	43.5%	94.6%	95.9%
不合格	81.2%	81.9%	75.1%	47.7%	75.1%	27.7%	56.8%	28.9%	89.0%	90.4%

	問8 エ	問8 オ	③問1	問2	問3	問4 A	問4 B	問4 C	問5	
合格	81.0%	98.4%	80.3%	81.3%	84.1%	85.1%	98.4%	34.0%	93.3%	
不合格	67.6%	95.3%	61.5%	61.3%	69.5%	79.8%	97.2%	27.2%	75.6%	

	問6 Ⅰ	問6 Ⅱ	問7	問8 ア	問8 イ	問8 ウ	問8 エ	問8 オ		
合格	21.9%	91.4%	44.4%	25.4%	24.4%	84.1%	73.3%	93.0%		
不合格	11.5%	70.7%	35.7%	18.5%	20.9%	74.6%	62.0%	81.2%		

算数　100 点満点【平均点】51.4 点（合格者平均 64.5 点）

	①(1)	(2)	(3)	②(1)	(2)①	(2)②	③(1)	(2)	(3)②	
合格	85.7%	72.1%	87.3%	78.1%	94.6%	97.1%	61.3%	54.6%	21.3%	
不合格	75.1%	50.7%	72.3%	36.2%	78.6%	79.8%	53.8%	50.7%	8.5%	

	(3)③	(3)④	④(1)	(2)	(3)	(4)	(5)	(6)	(7) 回り	
合格	27.67%	18.4%	87.0%	63.2%	86.3%	21.0%	6.7%	82.5%	84.8%	
不合格	12.4%	7.5%	59.6%	35.0%	46.2%	4.7%	1.9%	58.0%	68.8%	

	(7) 回転	(8)	⑤(1)	(2)	(3)					
合格	82.2%	61.0%	92.7%	77.5%	55.2%					
不合格	50.2%	19.0%	64.8%	31.9%	21.4%					

社会・理科

100点満点【平均点】 46.8点（合格者平均 56.0点）

一中・合否正答率

	①問1あ	問1い	問1う	問2	問3 Ⅰ	問3 Ⅱ	問4 ア	問4 ウ	問5 ア	問5 エ
合格	18.1%	19.1%	64.6%	50.2%	64.6%	49.8%	66.1%	35.7%	74.0%	48.0%
不合格	8.5%	10.6%	46.3%	38.3%	39.9%	34.0%	55.9%	39.9%	58.8%	47.6%
	問6 X	問6 Y	問7 1	問7 2	②問1位置	問1都市	問2	問3 1	問3 2A	問3 2B
合格	89.9%	86.3%	18.4%	55.6%	40.8%	89.9%	96.0%	95.7%	51.6%	53.4%
不合格	72.3%	68.4%	10.6%	40.7%	37.2%	68.6%	83.2%	78.2%	29.3%	33.8%
	問4	問5	問6	問7	③問1	問2	問3 あ	問3 い	問4 1	問4 2
合格	89.5%	79.8%	53.1%	45.5%	42.2%	94.2%	69.3%	93.5%	53.8%	52.3%
不合格	71.3%	54.8%	46.0%	42.0%	38.8%	89.6%	42.3%	87.8%	19.4%	17.0%
	問4 3	問5 1	問5 2	問6	④問1	問2記号	問2名称	問3 1	問3 3	問4
合格	39.7%	65.7%	54.2%	26.7%	25.3%	29.6%	25.3%	71.8%	66.8%	24.2%
不合格	12.8%	30.3%	22.9%	6.6%	25.8%	22.3%	15.2%	50.3%	52.4%	12.5%
	問5	問6 7/1	問6 8/1	⑤問1	問2	問3①	問3②	問3③	問4 1	問4 2
合格	86.3%	39.7%	29.6%	85.2%	66.1%	86.6%	65.0%	15.2%	12.6%	73.3%
不合格	64.4%	28.5%	19.4%	51.3%	58.0%	65.4%	46.8%	8.5%	14.6%	44.9%
	問5 1(ア)	問5 1(イ)	問5 2							
合格	56.3%	49.1%	58.5%							
不合格	35.6%	33.5%	31.1%							

一中2回（2月2日）合否別正答率

算数　150点満点【平均点】83.3点（合格者平均　103.9点）

	1(1)	(2)	(3)	2(1)DFG	(1)BCE	(2)	(3)	(4)	(5)
合格	81.6%	84.8%	81.0%	48.7%	46.2%	99.4%	84.2%	12.7%	86.7%
不合格	62.2%	59.4%	60.8%	15.5%	9.0%	83.5%	45.3%	4.0%	58.3%

	3(1)	(2)	4(1)	(2)	(3)
合格	79.7%	22.2%	93.0%	20.9%	22.2%
不合格	47.5%	6.1%	57.2%	7.6%	9.0%

	5(1)	(2)	(3)
合格	93.0%	－	－
不合格	65.8%	－	－

※【5】2、3は試験当日に配付した問題文の表記に誤りがあったため、全員を正答として採点を行いました。

理科　150点満点【平均点】100.6点（合格者平均　117.4点）

	1 問1(1)	問1(2)	問1(3)	問2(1)3	問2(2)	問2(3)		
合格	64.6%	49.4%	82.9%	98.7%	93.0%	88.0%		
不合格	36.0%	41.0%	66.2%	89.9%	75.9%	68.3%		

	問3(1)	問3(2)	問3(3)	問3(4)	問4(1)	問4(2)	問4(3)	問4(4)
合格	93.7%	91.8%	19.0%	46.8%	82.3%	86.1%	55.1%	34.2%
不合格	88.8%	81.7%	11.9%	23.4%	71.6%	83.1%	50.4%	13.3%

	2 問1①	問1②	問2(1)	問3(2)	問4(1)	問5(2)	問6(1)	問7(2)	問8(3)
合格	89.2%	92.4%	84.8%	77.8%	96.2%	96.2%	87.3%	86.7%	67.7%
不合格	82.4%	87.1%	73.7%	65.5%	80.9%	71.2%	54.0%	48.9%	21.2%

	3 問1 A	問2 B	問3 A	問4 B	問5 C	問6 D	問7 C	
合格	98.7%	98.1%	99.4%	89.2%	79.7%	45.6%	91.8%	
不合格	89.2%	83.5%	84.9%	64.4%	37.4%	18.0%	72.7%	

	4 問1	問2	問3	問4	問5	問6 性	問6 色	問7 (1)	問7 (2)	問8
合格	60.8%	98.7%	88.0%	94.9%	95.6%	100.0%	46.2%	39.9%	70.3%	65.8%
不合格	43.2%	96.4%	70.5%	83.5%	89.6%	97.8%	32.0%	21.2%	62.6%	23.7%

	問9	5 問1	問2	問3	問4	問5 (1) Ⅰ	問5 (1) Ⅱ	問5 (2)	問6 (1)	問6 (2)
合格	37.3%	89.9%	37.3%	94.9%	91.8%	94.3%	86.1%	61.4%	85.4%	79.1%
不合格	9.7%	77.3%	27.3%	79.1%	82.7%	86.3%	70.1%	51.4%	73.4%	67.6%

	問7 (1)	問7 (2)
合格	66.5%	57.0%
不合格	50.0%	39.2%

一中3回（2月4日）合否別正答率

国語 100点満点【平均点】61.2点（合格者平均 75.8点）

	①①	②	③	④	⑤	⑥	⑦	⑧
合格	84.0%	20.0%	54.0%	92.0%	94.0%	92.0%	90.0%	90.0%
不合格	65.4%	6.5%	35.9%	70.0%	87.1%	71.4%	84.8%	79.2%

	②問1	問2 Ⅰ	問2 Ⅱ	問3 2	問4 5	問5	問6	問7	問8
合格	86.0%	78.0%	14.0%	98.0%	92.0%	76.0%	92.0%	64.0%	86.0%
不合格	66.7%	65.8%	8.7%	87.4%	68.0%	52.4%	78.4%	43.3%	68.8%

	問9 ア	問9 イ	問9 ウ	問9 エ	問9 オ	問10	③問1 1	問2	問3	問4
合格	82.0%	24.0%	90.0%	90.0%	90.0%	68.0%	68.0%	82.0%	100.0%	82.0%
不合格	70.6%	27.3%	81.4%	87.4%	79.2%	45.9%	45.0%	65.8%	82.3%	61.5%

	問5 X	問6 Y	問7	問8	問9 学	問9 一郎
合格	82.0%	80.0%	92.0%	82.0%	42.0%	76.0%
不合格	61.0%	51.1%	71.0%	48.9%	56.3%	56.3%

算数 100点満点【平均点】43.2点（合格者平均 59.7点）

	①(1)	(2)	②(1)	(2)	(3)	(4) 20分	(4) 40分	(5)
合格	80.0%	86.0%	96.0%	56.0%	74.0%	92.0%	92.0%	52.0%
不合格	60.2%	75.3%	87.4%	29.9%	34.6%	62.8%	63.6%	23.4%

	③(1) 1	(1) 2	④(1) 1	(2) 2	(3) 3	⑤(1) 1	(2) 2	(3) 3
合格	78.0%	46.0%	66.0%	64.0%	14.0%	78.0%	38.0%	10.0%
不合格	64.5%	40.3%	35.1%	35.1%	3.5%	51.9%	16.9%	2.2%

社会 100点満点【平均点】42.8点（合格者平均 57.3点）

	① 問1 A	問1 B	問1 C	問2	問3 ①	問3 ⑨	問4	問5 ア	問5 イ
合格	76.0%	92.0%	62.0%	80.0%	20.0%	42.0%	76.0%	54.0%	84.0%
不合格	47.2%	72.3%	48.9%	56.7%	20.3%	26.4%	62.3%	23.8%	68.8%
	問6	問7(1)	問7(2)	② 問1	問2	問3	問4	問5	問6
合格	76.0%	68.0%	92.0%	80.0%	68.0%	98.0%	70.0%	76.0%	94.0%
不合格	59.3%	50.2%	77.5%	59.7%	53.7%	86.1%	59.7%	74.9%	78.4%
	問7	問8	問9	問10	問11	問12	問13	問14	問15
合格	80.0%	42.0%	38.0%	86.0%	68.0%	76.0%	58.0%	42.0%	44.0%
不合格	66.2%	24.7%	13.0%	66.7%	46.3%	69.7%	44.6%	19.9%	34.6%
	③ 問1 あ	問1 い	問1 う	問1 え	問1 お	問2	問3(1)	問3(2)	問4
合格	70.0%	58.0%	56.0%	78.0%	70.0%	18.0%	86.0%	24.0%	80.0%
不合格	38.5%	22.1%	27.3%	37.2%	47.6%	4.8%	54.5%	14.3%	55.0%
	問5	問6 プラス	問6 マイナス	問7 A	問7 B	問8(1)	問8(2)	問8(3)	
合格	74.0%	72.0%	62.0%	96.0%	86.0%	30.0%	20.0%	12.0%	
不合格	40.3%	46.8%	26.8%	77.5%	63.6%	9.5%	5.2%	1.3%	

理科 100点満点【平均点】53.4点（合格者平均 67.2点）

	① 問1	問2	問3(1)	問3(2)	問4(1)	問4(2)	問5(1)	問5(2)	問6	問7
合格	96.0%	94.0%	92.0%	66.0%	96.0%	86.0%	60.0%	100.0%	36.0%	6.0%
不合格	75.3%	78.4%	61.0%	35.5%	88.3%	48.5%	18.6%	97.0%	10.8%	1.3%
	② 問1	問2	問3	問4	問5	問6	問7 向き	問7 秒速		
合格	98.0%	42.0%	100.0%	86.0%	88.0%	90.0%	70.0%	52.0%		
不合格	97.0%	26.8%	91.3%	71.0%	77.1%	63.6%	42.4%	14.7%		
	③ 問1	問2	問3	問4	問5 ①	問5 ②	問6	問7		
合格	24.0%	56.0%	72.0%	68.0%	46.0%	38.0%	90.0%	22.0%		
不合格	22.1%	34.6%	33.8%	42.9%	50.2%	29.0%	65.8%	5.2%		
	④ 問1 ニホンザル	問1 シマウマ	問1 ニホンカモシカ	問1 ライオン	問1 ラッコ	問2	問3(1) I	問3(1) III	問3(2)	
合格	94.0%	88.0%	80.0%	94.0%	100.0%	6.0%	98.0%	100.0%	76.0%	
不合格	90.5%	84.8%	75.8%	93.1%	98.3%	8.7%	95.7%	93.1%	72.7%	
	問3(3) ①	問3(3) ②	問4	問5(1)	問5(2)	問6(1)	問6(2)			
合格	48.0%	80.0%	88.0%	14.0%	88.0%	84.0%	74.0%			
不合格	38.1%	68.8%	65.8%	6.5%	72.3%	59.3%	46.3%			

三中1回（1月10日午前）正答率

国語 100点満点【平均点】63.7点

	① ①	②	③	④	⑤	⑥	⑦	⑧	⑨	⑩
正解率	88.5%	62.1%	85.1%	49.4%	55.2%	34.5%	51.7%	77.0%	80.5%	52.9%

	② ①	②	③	④	⑤
正解率	98.9%	48.3%	98.9%	85.1%	94.3%

	③ 問1	問2	問3	問4	問5①	問5②
正解率	4.6%	39.1%	56.3%	19.5%	94.3%	93.1%

	④ 問1	問2	問3	問4 A	問4 B	問4 C	問5	問6	問7
正解率	58.6%	71.3%	47.1%	88.5%	81.6%	87.4%	79.3%	71.3%	55.2%

算数 100点満点【平均点】49.1点

	① (1)	(2)	(3)	② (1)	(2)	(3)	(4)	(5)
正解率	74.7%	85.1%	54.0%	69.0%	46.0%	25.3%	36.8%	5.7%

	③ (1)	(2)	(3)	(4)	(1)	(2)	(3)	(4)
正解率	88.5%	39.1%	32.2%	13.8%	79.3%	32.2%	19.5%	17.2%

	⑤ (1)	(2)	(3)	(4)
正解率	80.5%	59.8%	2.3%	12.6%

社会・理科 100点満点【平均点】57.4点

	① 問1	問2	問3	問4	問5	問6	問7
正解率	81.8%	25.8%	53.0%	42.4%	40.9%	71.2%	50.0%

	② 問1A	問1B	問2	問3	問4	問5	問6(1)	問6(2)	問7	問8(1)
正解率	36.4%	34.8%	53.0%	57.6%	33.3%	45.5%	40.9%	9.1%	45.5%	36.4%

	問8(2)	③ 問1A	問1B	問1C	問2	問3	問4	問5	問6	問7
正解率	83.3%	90.9%	45.5%	56.1%	86.4%	65.2%	66.7%	83.3%	65.2%	36.4%

	④ [1] ①	②	③	④	⑤	[2] ①	②	③	④	⑤
正解率	89.4%	84.8%	89.4%	97.0%	100.0%	74.2%	39.4%	6.1%	9.1%	21.2%

	⑤ A問1	問2	問3	問4	問5	問6	問7	B問1①	問1②	問2
正解率	75.8%	69.7%	75.8%	75.8%	53.0%	69.7%	45.5%	74.2%	75.8%	78.8%

	問3	問4	問5①	問5②	問6	C問1イ	問1ウ	問2	問3	問4
正解率	77.3%	7.6%	75.8%	60.6%	48.5%	60.6%	43.9%	48.5%	57.6%	53.0%

三中2回（1月10日午後 総合理科入試）合否別正答率

基礎 80点満点【平均点】36.2点（合格者平均：44.9点）

	① 問1	問2	問3	問4	問5	問6	② 問1 あ	問1 い	問1 う	問2
合格	41.2%	94.1%	91.2%	97.1%	82.4%	61.8%	64.7%	73.5%	47.1%	50.0%
不合格	27.8%	44.4%	55.6%	83.3%	33.3%	27.8%	27.8%	50.0%	16.7%	16.7%

	問3①	問3②	問4	問5③	問5⑤	問6	問7 2.5	問7 3.5	③ 問1	問2
合格	20.6%	14.7%	32.4%	55.9%	61.8%	88.2%	79.4%	79.4%	88.2%	91.2%
不合格	11.1%	5.6%	5.6%	11.1%	16.7%	33.3%	33.3%	16.7%	72.2%	38.9%

	問3	問4	問5	問6	問7(1)	問7(2)金	問7(2)木
合格	8.8%	17.6%	32.4%	44.1%	17.6%	8.8%	2.9%
不合格	0.0%	0.0%	0.0%	22.2%	16.7%	0.0%	5.6%

	④ 問1	問2②	問2③	問2④	問3	問4 あ	問4 い	問4 う	問5	問6
合格	38.2%	44.1%	32.4%	64.7%	70.6%	70.6%	70.6%	64.7%	64.7%	38.2%
不合格	11.1%	5.6%	16.7%	44.4%	38.9%	22.2%	11.1%	11.1%	16.7%	11.1%

応用 120点満点【平均点】54.9点（合格者平均：65.7点）

	① 問1	問2	問3	問4	問5	問6	問7	問8	問9	問10
合格	91.2%	79.4%	61.8%	8.8%	35.3%	61.8%	85.3%	47.1%	29.4%	85.3%
不合格	55.6%	61.1%	38.9%	5.6%	11.1%	44.4%	72.2%	38.9%	0.0%	33.3%

	問11	問12	問13	問14①	問14②	問15①	問15②
合格	70.6%	61.8%	58.8%	52.9%	70.6%	11.8%	8.8%
不合格	38.9%	11.1%	27.8%	27.8%	38.9%	0.0%	22.2%

	② 問1ア	問1イ	問1ウ	問1エ	問2	問3D	問3E	問4	問5返る	問5返らない
合格	100.0%	100.0%	91.2%	88.2%	58.8%	70.6%	64.7%	50.0%	64.7%	73.5%
不合格	100.0%	94.4%	61.1%	72.2%	22.2%	27.8%	11.1%	11.1%	27.8%	38.9%

	問6	③ 問1	問2	問3	問4	問5	問6	問7	問8	問9
合格	23.5%	35.3%	14.7%	50.0%	67.6%	32.4%	52.9%	47.1%	17.6%	5.9%
不合格	5.6%	11.1%	0.0%	38.9%	44.4%	27.8%	38.9%	22.2%	5.6%	0.0%

	問10	問11	④ 問1	問2	問3	問4	問5ア	問5イ	問5ウ	問5エ
合格	8.8%	5.9%	100.0%	52.9%	8.8%	44.1%	64.7%	55.9%	50.0%	73.5%
不合格	11.1%	0.0%	66.7%	11.1%	0.0%	16.7%	11.1%	16.7%	11.1%	38.9%

	問6①	問6②	問6③
合格	61.8%	67.6%	35.3%
不合格	5.6%	16.7%	11.1%

三中3回（1月11日）正答率

国語 100点満点【平均点】76.6点

	①①	②	③	④	⑤	⑥	⑦	⑧	⑨	⑩
正解率	79.5%	76.9%	87.9%	94.9%	100.0%	74.4%	97.4%	94.9%	94.9%	79.5%
	②①	②	③	④	⑤	③①	②	③	④	⑤
正解率	79.5%	97.4%	76.9%	89.7%	97.4%	92.3%	74.4%	76.9%	87.1%	92.3%
	④問1①	問1②	問1③	問1④	問1⑤	問2	問3①	問3②	問4	問5
正解率	84.6%	89.7%	76.9%	74.4%	61.5%	69.2%	94.9%	92.3%	7.7%	56.4%
	問6④	問6⑤	問6⑦	問6⑧	問7	問8				
正解率	56.4%	94.9%	82.1%	66.7%	82.1%	69.2%				

算数 100点満点【平均点】41.3点

	①(1)	(2)	(3)	②(1)	(2)	(3)	(4)	(5)
正解率	76.9%	71.8%	69.2%	48.7%	38.5%	30.8%	15.4%	15.4%
	③(1)	(2)	(3)	(4)	④(1)	(2)	(3)	(4)
正解率	76.9%	10.3%	2.6%	2.6%	25.6%	12.8%	7.7%	48.7%
	⑤(1)	(2)	(3)	(4)				
正解率	71.8%	61.5%	61.5%	33.3%				

社会 100点満点【平均点】62.6点

	①問1	問2	問3	問4	問5	問6	問7	問8(1)	問8(2)	問9
正解率	85.7%	28.6%	42.9%	32.1%	46.4%	67.9%	89.3%	67.9%	67.9%	53.6%
	問10	問11	②問1	問2	問3(1)	問3(2)	問4(1)	問4(2)		
正解率	39.3%	50.0%	67.9%	92.9%	82.1%	75.0%	60.7%	64.3%		
	問5	問6	問7(1)	問7(2)	問8					
正解率	50.0%	42.9%	21.4%	50.0%	53.6%					
	③問1A	問1B	問2	問3	問4	問5	問6	問7		
正解率	75.0%	71.4%	78.6%	82.1%	57.1%	78.6%	50.0%	67.9%		

理科 100点満点【平均点】45.3点

	①問1ア	問1イ	問1ウ	問2	問3名	問3説明	問4	問5	
正解率	17.9%	39.3%	21.4%	89.3%	85.7%	78.6%	78.6%	60.7%	
	②問1	問2	問3	問4	問5様子	問5形	問5火山		
正解率	42.9%	39.3%	21.4%	85.7%	50.0%	71.4%	57.1%		
	③問1	問2	問3	問4	問5	問6①	問6②	問7①	問7②
正解率	67.9%	14.3%	50.0%	3.6%	7.1%	35.7%	32.1%	3.6%	17.9%
	④問1	問2	問3	問4	問5	問6	問7	問8	
正解率	32.1%	75.0%	53.6%	50.0%	78.6%	21.4%	46.4%	0.0%	

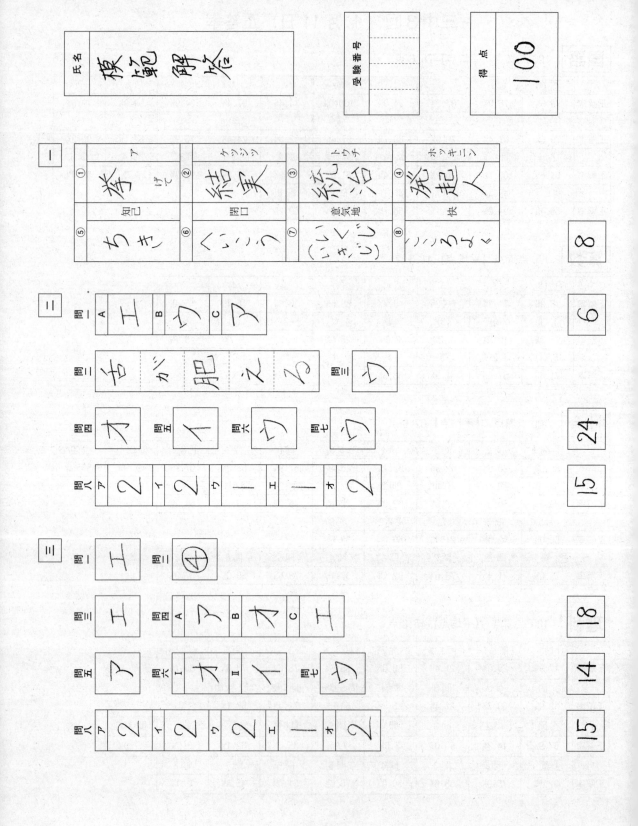

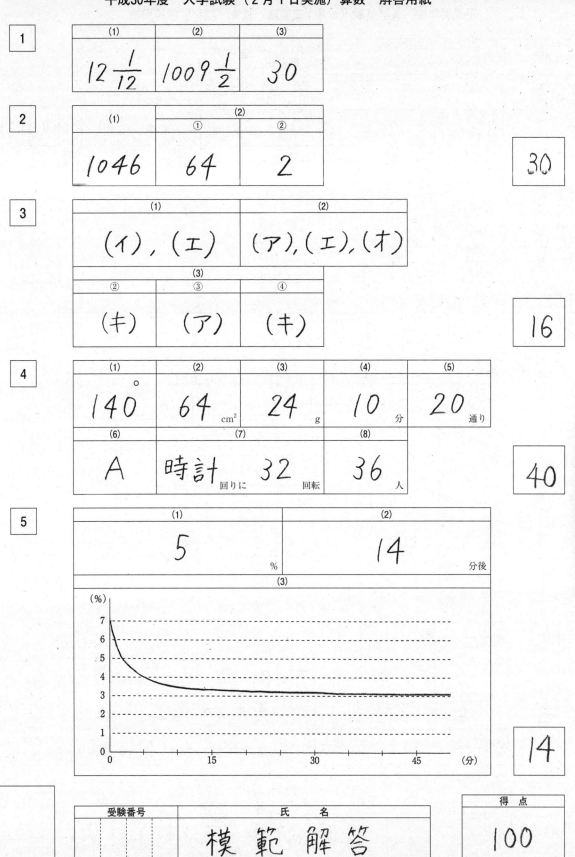

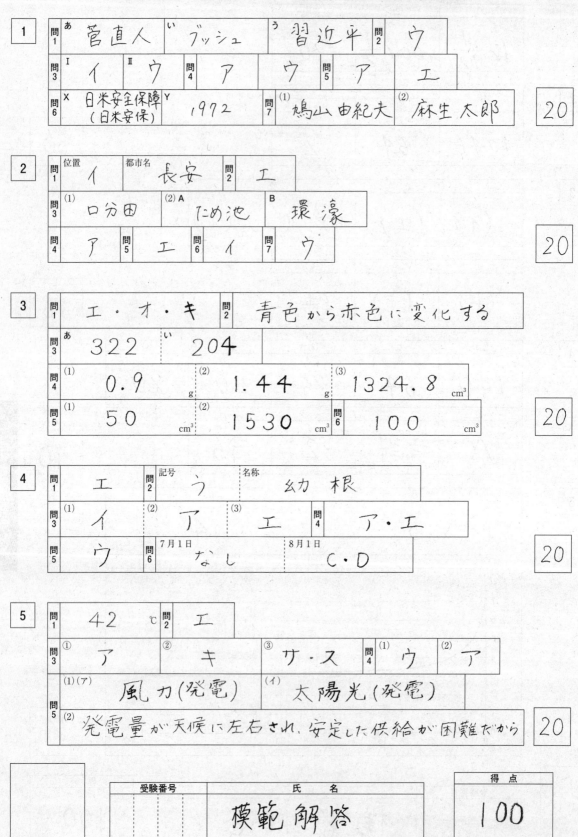

平成30年度　入学試験（2月2日実施）算数　解答用紙

1

(1)	(2)	(3)
$\frac{55}{192}$	$\frac{1}{16}$	16, 17

2

(1) 三角形DFG	(1) 三角形BCE	(2)
6 cm²	9 cm²	300 m²

(3)	(4)	(5)
69, 77, 85	72 通り	時速 26 km

82

3

(1)

(2) 1406.72 cm³

4

(1) グラフ

(2) A : B : C	(3)
2 : 9 : 64	25.6 cm

68

5

(1)	(2)	(3)
ADABA	DADADABADA	85 個

得点 150

東京農業大学第一高等学校中等部

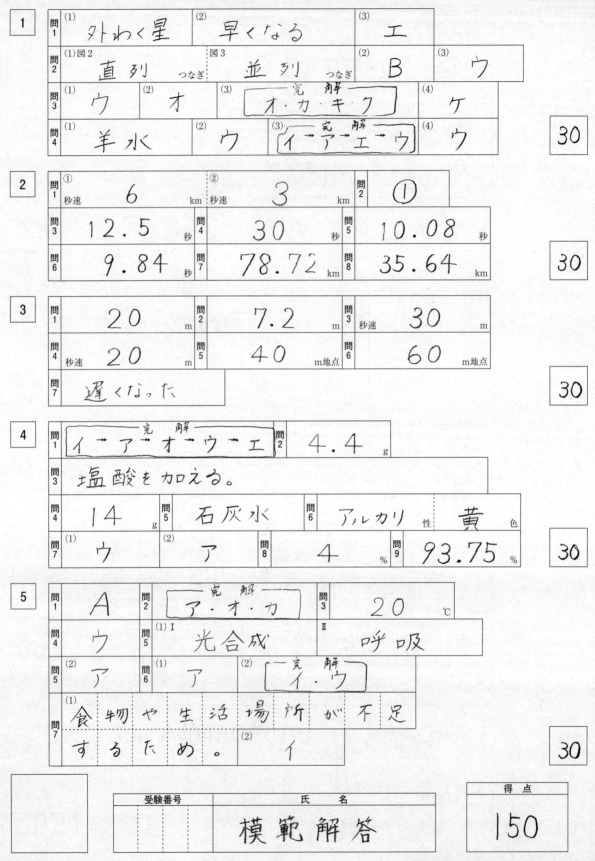

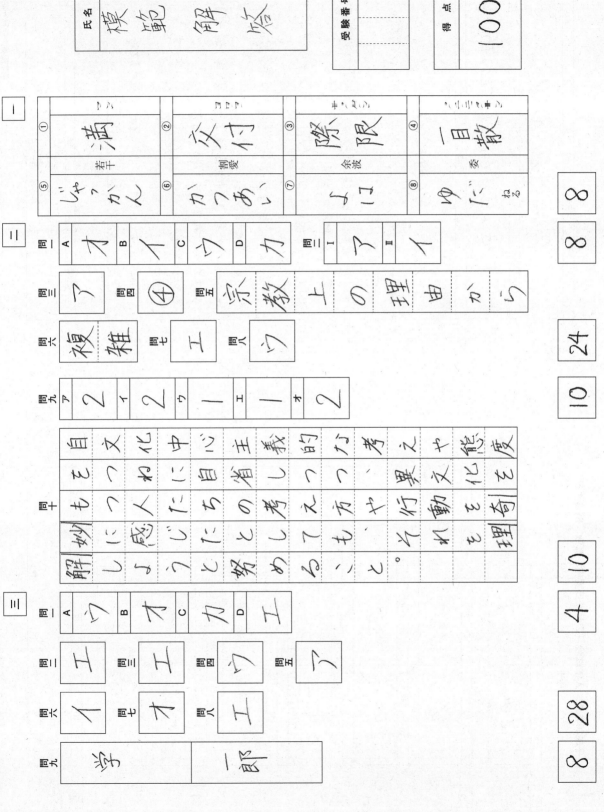

平成30年度 入学試験（2月4日実施）算数 解答用紙

1
(1) 20
(2) $2\frac{1}{3}$

2
(1) 0
(2) 360°
(3) 42 cm²
(4) 20分の生徒 5 人、40分の生徒 2 人
(5) 51 番目
(6) 1位 A、2位 E、3位 B、4位 D、5位 C、6位 F
(7) A 7500 円、B 1500 円
(8) $27\frac{3}{11}$ 分

58

3
(1) ア、ウ、オ
(2) ①、③

4
(1) 4 個
(2) 5
(3) 12 cm³

26

5
(1) 0, 2, 4, 6, 8, 10
(2) 1, 3, 5, 7, 9, 11, 13, 15
(3) （解答例）

$1+2+3+\cdots+A=N$ とおく

・Nが偶数のときは、0以上N以下の偶数がすべて表れる
・Nが奇数のときは、1以上N以下の奇数がすべて表れる
・NはAを用いて $A\times(A+1)\div 2$ と表すことができる
・Aが4の倍数または4で割ると3余る数のとき、Nは偶数になる
・Aが4で割ると1余る数または4で割ると2余る数のとき、Nは奇数になる
・Nが偶数のときは、$(N+1)\div 2$ = 21個の数を作ることができる
・Nが奇数のときは、$N\div 2+1$ = 11個の数を作ることができる

16

得点 100

平成30年度　入学試験（2月4日実施）社会　解答用紙

1

問1	A 若狭(湾)	B 信濃(川)	C 木曽(山脈)	D 房総(半島)
問2	関東ローム層	問3 ①	⑨	問4 イ

問5　ア　豊川　　イ　[電照]菊

問6　千代田区はオフィス街などが広がるため、昼間人口が多くなるが、世田谷区は住宅街が広がるため、昼間人口よりも夜間人口が多くなるから。

問7
(1) 農地と住居が隣接しているため、効率的に農業を行うことができる。　など
(2) 厳しい冬の季節風を防ぎ、室内が低温になることを防ぐことができる。　など

28

2

問1 ウ	問2 ア	問3 エ	問4 ア	問5 御恩と奉公
問6 ウ	問7 イ			
問8 大磯	問9 飛脚	問10 エ	問11 イ	問12 レジャー/観光

問13　都から大宰府へと続く道であり、大宰府は西国支配や国防の拠点であったため。

問14　大名が江戸と領地とを定期的に行き来しなければならなくなったため。

問15　場所を移動しなくとも、人や物、情報にアクセスすることができるようになったため。

32

3

問1	あ 国民投票	い 発議	う 勤労	え 弾劾	お 内閣
問2	10	問3 (1) 24[年]	(2) イ・ウ		

問4　車内で静かに過ごしたい人の自由を侵してしまうという点。　など

問5　公職選挙法

問6
プラスの効果：自治体の枠組みが広がり、より多くの公共施設を利用できる。　など
マイナスの効果：慣れ親しんだ自治体名が消え、愛着が失われてしまう。　など

問7　A 武力　B 戦力

問8
(1) その詳細を法律に委ねている点。
(2) 法律を改正することで対応できる。
(3) 憲法に具体的な規定が少ないため、権力者の解釈や判断が入り込みやすくなる。

40

氏名　模範解答

得点　100

東京農業大学第一高等学校中等部

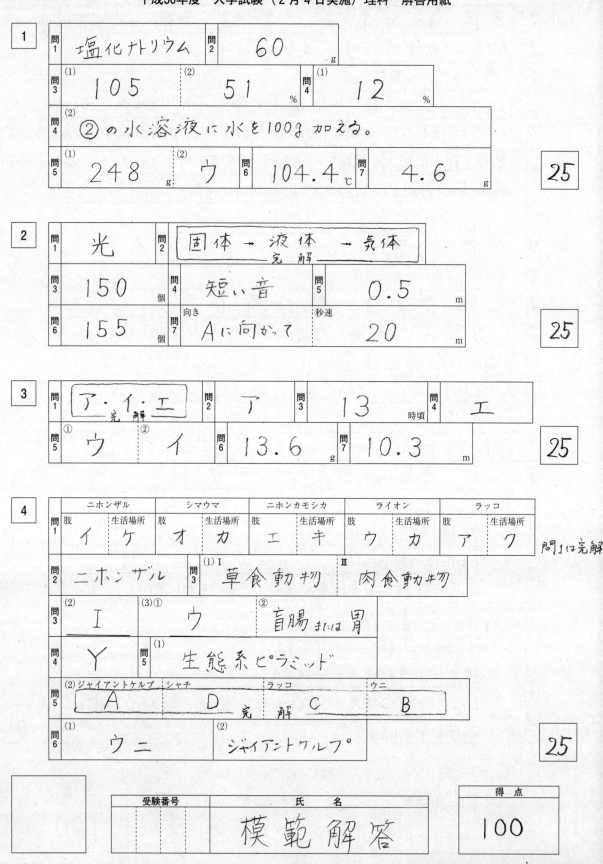

東京農業大学第三高等学校附属中学校

平成三十年度 第一回 入学試験（1月十日実施） 国語 解答用紙

| ① 貴重 | ② 保障 | ③ 訓練 | ④ 転機 | ⑤ 上達 |
| ⑥ 窓際 | ⑦ 公共 | ⑧ 天候 | ⑨ 点火 | ⑩ 出荷 |

20

| ① おに | ② もも | ③ さる | ④ とり | ⑤ いぬ |

10

三

問一	十
問二	ア
問三	カーネーションが
問四	エ
問五	植物は人々を勇気づけようと花を咲かせているわけではないのに、人は植物の生きる姿にともに癒やされ、ときに勇気づけられるから。

28

四

問一	科学者の共同体の中だけで閉じられたもので あり、現実世界とは関係のないもの。
問二	科学技術についての意思決定。
問三	人間の営み〜な社会問題
問四	A イ　B ア　C エ
問五	いろいろな人たちが、いろいろな知恵と常識を持ち寄り、熟議をした上で、意思決定をしていくこと。
問六	専門家
問七	イ

42

得点

受験番号
氏名

三中・模範解答

東京農業大学第三高等学校附属中学校
平成30年度 第1回入学試験（1月10日実施） 算数 解答用紙

受験番号　　　　氏名

1
(1)	$\frac{7}{12}$	(2)	157	(3)	4140

15

2
(1)	90	(2)	13 本	(3)	450 円
(4)	64	(5)	2 m		

25

3
(1)	22 cm	(2)	18 cm
(3)	33 cm	(4)	16.5 cm

20

4
(1)	70 円	(2)	3 通り
(3)	930 円	(4)	6 通り

20

5
(1)	5 時間	(2)	時速 4.8 km
(3)	$2\frac{3}{11}$ 時間後	(4)	8.4 km

20

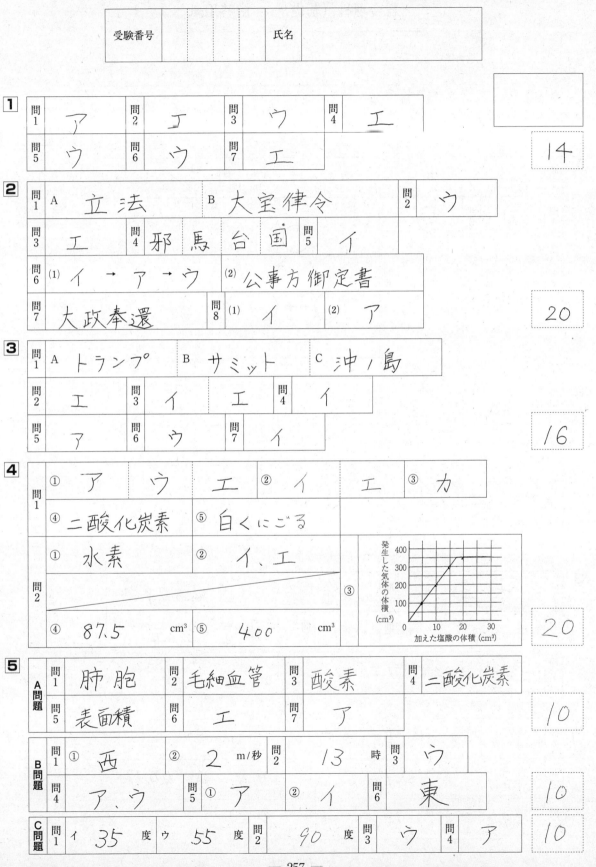

東京農業大学第三高等学校附属中学校
平成30年度　入学試験（1月10日午後実施）
総合理科（基礎）　解答用紙

受験番号　　　　　氏名

80

1
| 問1 | イ、ウ、オ | 問2 | ア、エ、オ | 問3 | イ | カ |
| 問4 | ⑦ | 問5 | ④ | | | | |

問6: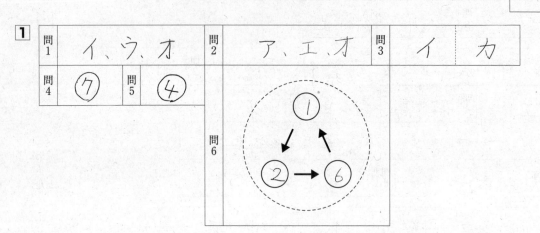

18

2
問1	あ 40	い 3	う 360	問2	90 cm
問3	初めて 1 秒	2回目 3 秒	問4	1000 cm
問5	③ ウ	⑤ イ	問6	⑪
問7	2.5秒 ⑬	3.5秒 ⑭		

24

3
問1	木星	問2	金星	問3	4879 km
問4	224 日	問5	オ	問6	水星、金星
問7	(1) キ	(2) 金星 ウ	木星 シ		

18

4
問1	イ	問2 ②	オ、カ	③ ア、エ	④ ウ
問3	37 g	問4	あ 14.9	い 29.8	う 44.7
問5	694 g	問6	14.5 g		

20

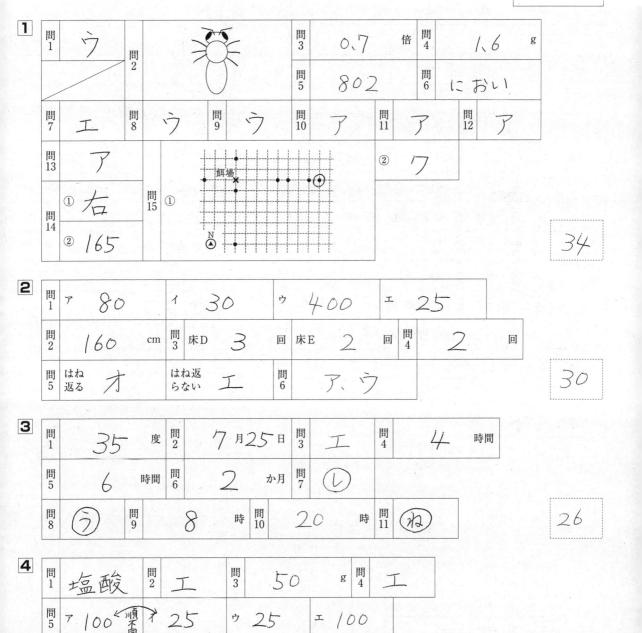

東京農業大学第三高等学校附属中学校
平成三十年度 第三回 入学試験（1月十一日実施） 国語 解答用紙

一 ① 潮 ② 新幹線 ③ 宇宙 ④ 権利 ⑤ 水分 ⑥ うで ⑦ みきん ⑧ きぼ ⑨ さくもつ ⑩ いく 20

二 ① ウ ② エ ③ イ ④ オ ⑤ ア 10

三 ① ウ ② オ ③ イ ④ エ ⑤ ア 10

四

問一 ① エ ② ア ③ オ ④ ウ ⑤ イ

問二 意見 B E 事実 A C D

問三
1 地球上で人口が爆発的に増えていること。
2 地球規模の異常気象が起こっていること。

問四 兵糧攻めにでも遭えば外国から容易に生命線を絶たれるから。

問五 流通のルートを作り、地元で売るルートをきっちり整備すること。

問六 ④ オ ⑤ ア ⑦ ウ ⑧ イ

問七 ア

問八 ウ

60

東京農業大学第三高等学校附属中学校
平成30年度 第3回入学試験（1月11日実施） 算数 解答用紙

整理番号　　　　受験番号　　　　氏名

1
- (1) 10
- (2) 38
- (3) 6 時間 11 分 2 秒

［15］

2
- (1) 7
- (2) 30 日
- (3) 20
- (4) 分速 213 m
- (5) 1 cm

［25］

3
- (1) 40 cm
- (2) 毎分 12 L
- (3) 50 分 45 秒後
- (4) 1 時間 15 分 45 秒後

［20］

4
- (1) 999 円
- (2) 1698 円
- (3) 10 本から 13 本
- (4) 5 冊

［20］

5
- (1) 69
- (2) 8 番目
- (3) 57
- (4) 512

［20］

東京農業大学第三高等学校附属中学校
平成30年度 第3回入学試験（1月11日実施） 社会 解答用紙

整理番号　　　受験番号　　　氏名

1
問1	C	問2	イ	問3	イ
問4	オ	問5	エ	問6	エ
問7	ア	問8(1)	エ	(2)	イ
問9	750 m	問10	イ	問11	ウ

36

2
問1	イ	問2	ウ	問3(1)	エ	(2)	イ
問4(1)	エ	(2)	てっぽう	問5	ウ		
問6	イ	問7(1)	三国干渉	(2)	エ		
問8	ア						

37

3
問1	A	パリ	B	安倍晋三	問2	エ
問3	ア	問4	ア	問5	ユーロ	
問6	エ	問7	イ			

27

東京農業大学第三高等学校附属中学校
平成30年度 第3回入学試験（1月11日実施） 理科 解答用紙

整理番号　　　　受験番号　　　　氏名

100

1
問1	ア 幼芽	イ 幼根	ウ 子葉	問2	ウ
問3	物質名 デンプン	説明 発芽や成長に利用される			
問4	ア　エ　オ	問5	イ			

24

2
問1	マグマだまり	問2	火山岩	問3	ウ　エ
問4	噴火	問5	③の様子 ア	火山の形 エ	代表的な火山 カ

25

3
問1	あ	問2	う	問3	い	問4	ウ、エ
問5	1.5	問6	① 2	② 0.5			
問7	① 0.6	② 0.2					

27

4
問1	よう解度	問2	イ
問3	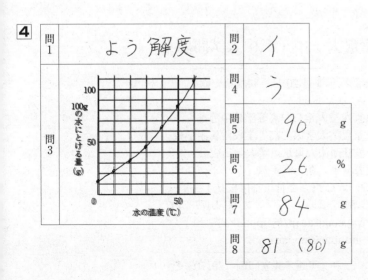	問4	う
		問5	90 g
		問6	26 %
		問7	84 g
		問8	81 (80) g

24

2018年版 東京農大一中・三中入試問題集

発行日　2018（平成30）年3月20日　初版第1刷

　　編　集　東京農業大学第一高等学校中等部
　　　　　　東京農業大学第三高等学校附属中学校
　　発　行　一般社団法人東京農業大学出版会
　　発行者　代表理事　進士五十八
　　　住所／156-8502 東京都世田谷区桜丘1―1―1
　　　電話／03-5477-2666　FAX／03-5477-2747
　　　http://www.nodai.ac.jp/syuppankai/
　　　E-mail：shuppan@nodai.ac.jp

　　Ⓒ東京農大一中・三中　印刷／共立印刷　301703 そ
　　ISBN978-4-88694-486-3　C7037　¥2000E